U0535966

# 复利人生

## From ZERO to MILLIONAIRE

Nicolas Bérubé

[加]尼古拉·贝鲁贝———著　万锋———译

中信出版集团｜北京

图书在版编目（CIP）数据

复利人生 / (加) 尼古拉·贝鲁贝著；万锋译 . --
北京：中信出版社, 2025.3. -- ISBN 978-7-5217
-6600-4

Ⅰ. F830.59

中国国家版本馆 CIP 数据核字第 2024H3X819 号

FROM ZERO TO MILLIONAIRE: A simple, effective, and stress-free
way to invest in the stock market by Nicolas Bérubé
ISBN 978-1-80409-026-8
Copyright © Nicolas Bérubé
Simplified Chinese translation copyright © 2025 by CITIC Press Corporation.
ALL RIGHTS RESERVED
本书仅限中国大陆地区发行销售

复利人生

著者：　　［加］尼古拉·贝鲁贝
译者：　　万锋
出版发行：中信出版集团股份有限公司
　　　　　（北京市朝阳区东三环北路 27 号嘉铭中心　邮编　100020）
承印者：　北京通州皇家印刷厂

开本：880mm×1230mm 1/32　　　印张：7.5　　　字数：137 千字
版次：2025 年 3 月第 1 版　　　　印次：2025 年 3 月第 1 次印刷
京权图字：01-2024-5772　　　　　书号：ISBN 978-7-5217-6600-4
　　　　　　　　　　　　　　　　定价：69.00 元

版权所有·侵权必究
如有印刷、装订问题，本公司负责调换。
服务热线：400-600-8099
投稿邮箱：author@citicpub.com

献给

启发我的佩内洛普

# 目 录

前言　　　　　　　　　　　　　　　　　　Ⅲ

引言　"一切都会崩溃"　　　　　　　　　　1

第一章　爆发和收缩　　　　　　　　　　　13

第二章　寻找稀有的珍珠　　　　　　　　　27

第三章　利润的合理份额　　　　　　　　　51

第四章　股票和债券　　　　　　　　　　　69

第五章　时速 130 英里　　　　　　　　　　89

第六章　关掉电视，关闭通知　　　　　　　115

| 第七章　欢迎股市调整 | 135 |
| 第八章　聪明投资者的自卫指南 | 159 |
| 第九章　增加你的财富 | 175 |
| 结　语　牛和鲨鱼 | 199 |
| 致　谢 | 213 |
| 注　释 | 215 |

# 前 言

"你似乎没怎么考虑手头的事。"我最后打断福尔摩斯,说道。

"还没有数据,"他回答,"在掌握全部证据之前就下结论是个严重的错误,它会使判断产生偏差。"

——阿瑟·柯南·道尔,《福尔摩斯探案集》

我不是投资者。人们总是告诉我,应该让钱为你工作。但我决定自己工作,让钱休息。

——杰瑞·宋飞,喜剧演员

我的床头柜上杂乱地堆放着一摞书,它们乱到可能一夜之间就砸中我的头,但我的心思却在别处——我要发财了。

当时的我33岁,住在洛杉矶的银湖社区,一个坐落在西海岸大都市的波西米亚风格社区。彼时,我确信股票市场即将崩盘。

那是 2010 年，美国经济正如自由落体般衰退。我们经历着 20 世纪 30 年代大萧条以来最严重的金融危机。在华尔街，大型银行和投资公司的数百名员工刚走出办公大楼，胳膊下夹着纸箱，眼神迷茫。在我家附近，有几十个空置的商业空间在出售或出租。美国的衰落显而易见，而且这次衰退似乎没有尽头。

在剧烈下跌之后，美国股市在短短几个月内就反弹 60%。许多观察人士认为，这次反弹毫无意义，新一轮更深层次的下调即将到来。我就是其中之一。

当时，我刚读完几本关于金融危机的书，包括迈克尔·刘易斯的《大空头》[1] 和格里高利·祖克曼的《史上最伟大的交易》[2]，书里讲述了精明的投资者如何预测美国房地产泡沫破裂，并从中获利的故事。我被这些意志坚定的投资者的故事深深吸引，他们在繁荣时期忍受同僚的嘲笑，然后在市场崩溃时成为明智的有识之士。

而这一次，我断定，那个有识之士将会是我。

我刚刚转售蒙特利尔的一套公寓，并从中赚了 1 万美元。我决定用这笔钱投资并押注一个简单的观点：华尔街将会崩溃。

为了下注，我购买了看跌期权。这是一种金融产品，如

## 前言

果与之挂钩的股票价格下跌，该期权的价值就会上涨。为此，我必须开通证券账户，这样才能在芝加哥证券交易所进行交易。

我此前从未这样做过。有的作家和博主跟我一样，认为市场即将崩溃，通过阅读他们的文章，我学会了如何投资。我的计划是，一旦市场波动对我有利，我就马上加注。我相信自己发现了鲜为人知的投资机会，并下定决心投入精力去做。

然而从第一天起，我就亏损了。

每次查看经纪账户，我的心脏都快要停止跳动：我的1万美元又蒸发了几百美元。股市不但没有崩盘，反而在上涨！

我没有气馁，爬山不可能没有磕磕碰碰。

几个月后，结果显而易见：我失败了。当我接受现实出售期权时，它仅值几百美元。如果投资股市是一场考试，那我已经收到批改后的试卷，试卷上面有一个用红墨水写的大大的"零"。

我不知道1万美元对你来说是多是少。我只记得，这么快就失去那笔钱使我很不愉快，甚至是耿耿于怀。

我仍然无法向自己解释这一切，但与其把金融市场从生活中抹除，不如弄清楚它们到底是如何运作的。

之后几年，我花了数千个小时阅读有关金融和投资的内容。我采访了我们这个时代最成功的一些投资者和金融作家，包括莫尼什·帕伯莱、摩根·豪泽尔、安德鲁·哈勒姆、彼得·阿德尼（广受欢迎的博主，笔名"钱胡子先生"）等。我深入学习市场的历史，了解了大多数投资者犯过的错误，以及进行长期投资的有效方法。我深入研究金融巨头的人生和著作，包括沃伦·巴菲特、查理·芒格、本杰明·格雷厄姆和约翰·博格，他们被认为是历史上最伟大的一些投资家。我就像是糖果店里的孩子，巴菲特和芒格忙着买股票，而我忙着赌股市末日……

我意识到，在急于致富的过程中，我违背了400多年来成功投资股市的所有规则。

我明白了股市不是赌场，也不是胆量或欺骗的游戏。那些认为自己可以一夜暴富的一代又一代人，都已沦为和我一样头破血流的下场。

我还因此看到，在这个我曾以为荒凉的世界上，充满了有趣的人物、财富的得失和喜怒哀乐各不相同的人类情感，它们被经济收益的前景放大了十倍。收益前景是有史以来最强大的迷幻药之一。

在那次令人难堪的失败过去两年后，我再次开始投资。这一次，我没有后悔。

后来我明白，所有投资者都犯过错误。就连沃伦·巴菲特也说自己在二十出头时经历过一次倒霉的投资，并损失了20%的钱，当时他涉世未深，不清楚自己在做什么。

那化为乌有的20%在今天将价值数十亿美元，巴菲特曾打趣说这是"相当大的错误"[3]。

我写这本书的目的，是防止你在成为优秀投资者之前损失成千上万美元。（如果你已经损失了，我很抱歉！有些投资教训比其他的教训伤害更深。）

## 吸取教训

我用法语出版的第一本书是《百万富翁和你想的不一样》，它的主旨是，财富不源于加薪或巨额年终奖，也不源于非凡的投资。财富来自我们对当下所拥有的金钱做出的选择。

这本书出版后，我做了一系列讲座。每次演讲结束，我都会花30到40分钟与观众交谈。

我本以为自己要回答有关我采访过的百万富翁的生活的问题，或者证明我在书中给出的统计数据。但我没有收到这样的问题。

每个举手的人都想知道如何投资股票市场。

结束这些会议回家后，我既高兴有过这些交流，也感到有些惶恐。来听我演讲的人们可能会成为投资者，而这当中有一部分是因为我。

这就好像通过介绍一个美丽而遥远的国度，我说服他们拿上背包，穿上登山靴，动身前往此处。我知道他们的决定是正确的，也知道一路上会有困难、怀疑和恐惧，我经历过这些，并且每天都在经历。

正是这些想法促使我写下这本书。

谈到投资时，我发现这个话题充满了神话、先入为主的观念和令人不安的信念，金钱总是招致可疑的投资策略。

如今，西方国家投资股市的人比以往任何时候都多，我意识到，许多投资者觉得自己错过了很多。当听到朋友和同事谈论他们的投资有多好时，我们就想知道为什么自己的投资收益停滞不前。我们应该购买更刺激的公司的股票吗？应该更换财务规划师或投资经理吗？或者找个不一般的人，一个投资股票的市值会随着时间的推移急剧上升的选股高手？本书将试图回答这些问题。

投资本是一项简单的活动，但整个行业都努力将其复杂化，以证明自身存在的合理性。因此，我将在书中介绍一些重要的经验教训。获得这些知识，你就不会重复我犯过的错误。

尼古拉·贝鲁贝

引 言

## "一切都会崩溃"

*"It's all going to collapse"*

如果你不确定应该担心什么，那么一切都会令人担忧。

——克里斯·哈德菲尔德，加拿大宇航员

"我认为美国要完了。"

几年前，我和朋友在旧金山的一家餐厅吃午饭，他如此吐露心声。

在我们周围，年轻的服务员把公平贸易咖啡和无麸质面包端给穿着舒适而精致的顾客。在入口附近，杂乱地堆放着用特别包裹卷起来的瑜伽垫，这些垫子就像是各色祭品，用来献给掌管健康和自我发现的神明。

我自己对美国的未来持乐观态度，而朋友则不以为然。

"唯一能让华尔街活下去的是美元贬值，"他说，"美元不再由黄金支撑。美国经济崩溃是难以避免的。"

"很久以前，黄金就不再被用作美元的抵押物了。"我回答。

"是的，但是人们正逐渐地意识到这一点。"

我问朋友，他是不是那种在地下室准备罐头食品以备不时之需的人。

"我们的食物足够维持一年。"他说。

我吃了一口土豆饼。在他身后，一位女士正沿着人行道停放宝马旅行车。

"没错，我是个'有备族'。"他笑着补充道。他还能自嘲。

"你买黄金吗？"我问。

"当然！但你必须买实物黄金，否则它一文不值。我正在安排把黄金储存起来。对了，你认为美国人为什么在阿富汗？为了稀土！在马里也是如此……少数家族控制世界银行体系……是他们支撑着华尔街……但一切都将崩溃。"

---

从我们谈话的那天早上算起，已经过去了十年。在这段时间里，占全球股市总市值一半以上的美国股市市值翻了两番，几乎与企业生产力和企业利润同步持续上涨。

而目前黄金的价格比我们当时吃午饭的时候还低。

我的朋友头脑聪明，在旧金山要求苛刻的科技公司工作。

作为专业人士，他在地球上最令人向往的城市之一工作，住在当地最好的社区的漂亮房子里。

我讲这个故事不是为了证明朋友错了。正如我在前言中所写的那样，我也曾自认为预见了剧烈的股市崩盘，但这个错误的预判几乎结束了我刚刚起步的投资生涯。

我之所以这么说，是因为如果你和别人谈起股市投资，你可能很快就会听到令人恐慌的说法："那是赌场！""一切都会崩溃的，醒醒！"

几年前，在一次圣诞聚会上，一位家人告诉我，股市末日即将到来。

"我把所有股票都卖了，"他告诉我，手里拿着一瓶啤酒，圣诞树在他身后闪闪发光，"股市已经上涨了很多，不断刷新纪录。我有不详的预感……我认为下次崩盘将和以往一样可怕。"

几个月后，一个邻居提到同样的恐惧。他表示："我们恐怕会输得很惨。"

事实证明，他们并非完全错误。接下来的几年，市场确实经历了低迷。但现在的股市表现比他们做出这些悲观预测时还要好。

我承认，我的样本量很小，而且样本大都来自道听途说。但在我身边，几乎总是男性相信他们知道如何通过倾听自己的直觉来了解市场的未来。而且，就像我举的例子一样，他们大多是受过良好教育的男性，有着令人羡慕的职业，在自己的职业领域很有能力。

这种混乱即将发生的预感，会欺骗最勇敢的人和最有经验的股市专家。

但这种预感毫无价值，我在本书中会解释原因。

## 投资者的"超能力"

投资是一种奇怪的行为，它源于克制。投资就是为了以后有更多钱而放弃现在花钱。

为什么要这么做？

事实上，问题应该是：我们有选择吗？

我们的政府养老金和年金旨在补充退休收入，而不是取代退休收入。提供有吸引力的退休金计划的雇主数量正在下降。如果你是个体户或企业家，不需要我说，你就知道自己必须为退休后的生活买单，这样的生活可能会在你停止工作后持续几十年。

投资有风险，但不投资的风险要大得多。

购买金融资产可以让我们获得并享受自由，而不是成为勉强度日的月光族。

花一年时间旅行，购买汽车或房产而不需要向银行贷款，在短时间内处理花费巨大的突发事件，或者向有需要的人慷慨解囊，这些只是投资者拥有的一部分"超能力"。

因为学校里不教投资，很多人便认为投资太复杂、风险太大，或者太抽象，这些人不知道的是成功投资非常简单，几乎每个人都能做到。

许多人购买房子后过着偿还抵押贷款的生活，他们没有看到将购房款进行其他投资的价值，也没有意识到，住宅房地产带来的收益与自己错过的投资收益，相去甚远。

出售房屋的收益看似惊人，那是因为，对我们大多数人来说，这是我们一生中唯一一次面对数十万美元或更多金额。在缺乏比较的情况下，即使是一所普通住宅，其价值也让人印象深刻，且始终令人着迷。

投资家沃伦·巴菲特于1958年在内布拉斯加州的奥马哈买下了他现在住的房子。他为此花费3.15万美元。这处房产现在价值70万美元。但如果当初他把那3.15万美元投资到股市，这笔投资今天的价值将超过2 300万美元。

难怪巴菲特一生都在购买企业而不是别墅，他还把自己的房子称为"巴菲特的愚事"。

富人比其他人更快致富的原因是，他们没有让大部分净资产"躺"在账户上,而是用这笔钱购买金融资产,如股票(也称为股份)、共同基金和债券。

---

### 40%

美国人中最富有的 1% 将其净资产的 40% 用于投资股票和共同基金,而财富最少的 50% 的人平均只将其 2% 的资产用于这类投资。

---

在很长一段时间里,只有富人才有手段和人脉投资多种类型的资产,现在则不同。当然,钱少是投资的障碍,但这障碍并非不可逾越。从 20 岁开始,每天投资 5 美元,我们退休后就会成为百万富翁。这样既不用冒不必要的风险,也不用读财经报纸或变成金融"书呆子"。

要成为伟大的投资者,你不需要在商学院苦读。事实上,你离商学院越远,你在赚钱方面的先天优势就越大。你将在本书中发现这点。

讲授股市投资的书籍通常认为,只要借助必要工具来筛选有前途的公司,投资者就可以创建多年保持良好增长的投资组合。

然而，研究者发现，我们的情绪和行为对投资成功的影响，远远超过任何上市公司的价值对投资成功的影响。

最新研究还表明，把精力和时间花在寻找能赚钱的股票上，这只会让我们赔钱。

事实上，你会发现，万里挑一不如全部买入。这个策略违反直觉，但它会带来回报，并让你加入全球最佳投资者的先头团队。你的回报将超过金融专业人士，就是那些受过专业教育、领着高薪、开着豪车并且在市中心的高楼里管理数百万美元的人。

在书中，我将向你展示如何获得比专业人士更好的投资回报，同时在股市风暴中经历更少的下跌。而且，你每年只需要花不到一个小时来管理投资。

如果你选择让专业人士来管理投资，你将在本书中学会如何选择收费透明合理的人，他将为你的最大利益而不是为支付他薪水的金融巨头的利益工作。

## 投资神话

如果本书有一个潜在主题，那就是：股市是有史以来最强大的财富增长工具，但它充满了神话和虚假承诺，还经常被投资者误解。

在第一章，我将展示股市泡沫如何击垮一代代投资者，以及牛顿如何深陷其中。在第二章，我将解释，为什么即使是由股市专家选股，其结果也总是令人失望。

第三章和第四章讲述指数基金投资是如何被发明（以及受到嘲笑）的。在第五章和第六章，我将说明为什么律师和医生往往是最糟糕的投资者，以及为什么新闻媒体不会帮助我们赚钱。

在第七章，我将解释如何应对不可避免的市场低迷和崩溃。

第八章的内容解释了为什么让普通理财顾问帮助自己投资，感觉有点儿像在一座危险的异域岛屿上乘坐一辆收费高昂的出租车。而在第九章，我将向你揭示如何根据自己想要的自主程度来投资手里的钱，以及如何道德而负责任地投资。

## 良好实践

没有人生来就知道如何投资。不幸的是，大多数人一辈子都没学会。

> "我怎么这么傻呢？"如果你从未这样愤怒地吼过自己，你就不是真正的投资者。
>
> ——杰森·茨威格，财经作家

任何想减肥的人都知道，不要在冰箱里塞满冷冻披萨和薯条。想要增强体力和耐力的人也不会晚上坐在沙发上抽烟，还以为自己离目标越来越近。

然而，当涉及金融投资时，许多人的行为相当于一边吃垃圾食品，一边坚信自己在改善健康，金融机构和自称优秀顾问的专业人士就有这样的错觉。

与营养补充和体育活动不同，良好的投资实践很少在学校被教授，也不是政府大规模广告宣传的主题。父母很少把这些知识传授给我们，他们自己也常常对这个话题感到不自在。媒体有时会给我们提供优秀范例，但它们会消失在雪片般的信息中。而且这些范例有可能把我们引入歧途，而不是让我们更接近目标。

对大多数人来说，了解金融投资就像花一个周末阅读藏在汽车储物箱里的用户手册，都让人感到索然无味。

因此，那些想通过投资致富的人，最后可能会做出让自己变穷的行为，或者至少会失去本可以更丰厚的回报。

良好的投资实践已为人所知几十年，但这些知识基本没有通过研究人员转移给公众。这些知识就是你手中这本书的核心内容（我希望它比丰田汽车的用户手册更吸引人！）。

著名心理学家大卫·邓宁写道："无知的头脑并不完全是干净的空容器，这些头脑里充满了无关或误导性的生活经验、理论、事实、直觉、策略、算法、启示、隐喻和预感。遗憾的是，这些东西看起来都像是有用、准确的知识。"[4]

对此，我深有体会。几年前，我在股市暴跌之际开始投资，当时我并不觉得自己做错了什么。事实上，如果有人告诉我："你根本不知道自己在做什么。"我反而会不屑一顾。

但这么说的人是对的，我确实不知道自己在做什么。

以色列外交官阿巴·埃班曾说："在尝试所有其他解决方案之后，国家和人民总能找到正确的方案。"我的结论是，投资者也是如此。

为了理解个中原因，让我们来到18世纪初的伦敦市中心，当时社会上最杰出的人物都在为几张纸痴迷。

# 第一章
# 爆发和收缩

Explosions
*and*
Contractions

思考很容易。

行动很难。

但世界上最难的事,是按照自己的想法行动。

——约翰·沃尔夫冈·冯·歌德,诗人、思想家

## "人的疯狂"

艾萨克·牛顿爵士不会让这个千载难逢的机会溜走。

1720年,在夏天即将到来时,伦敦街头的水银温度计显示温度已超过21摄氏度。此时,作为万有引力理论背后的天才、有史以来最伟大的科学家之一,牛顿决定将自己的大部分财富投资于南海公司的股票。

九年前,南海公司由伦敦的知识分子成立并获得英国政

府授权，垄断了通往西班牙在美洲殖民地的贸易路线，公司负责运输奴隶和黄金。

当时的英国国王乔治一世是该公司的董事之一，这激发了投资者的信心。事实上，这家公司几乎没有盈利，但这并不妨碍公众看到投资机会，因为随着国际贸易的扩大，南海公司肯定会表现卓越。与之相关的话题令人兴奋，在伦敦街头受到热议。

1720年2月，艾萨克·牛顿爵士首次投资南海公司股票。几个月内，他的投资价值便翻了一番。牛顿随后确信南海公司陷入了投机狂热，于是决定兑现收益，于同年4月19日出售了手上的股票。

然而，股价非但没有下跌，反而接着上涨。牛顿没能继续赚钱，而他的朋友和熟人的财富却与日俱增。

出售股票两个月后，牛顿放下戒备。6月14日，他决定再次投资，并将大部分资金投入了南海公司股票。

同年9月，南海公司爆出欺诈丑闻，公司股价迅速下跌90%。许多公司高管被关押在伦敦塔，其中包括议会议员，他们的资产被没收。这一丑闻影响巨大，破坏了英国金融市场，并在之后上百年阻碍了企业发展。[5]

有人说，牛顿在南海公司的崩盘中损失了2万英镑，相当于今天的2 000万美元。[6]

还有人说，这位物理学家得出结论："我可以计算天体的运动，但无法计算人的疯狂。"

牛顿深受这次惨败的打击，直到去世，他都无法忍受别人在他面前提南海公司的名字。

这个故事说明了即使最理性、最聪明的人也会陷入投机狂热，而这种狂热只有在事后看才明显。

投资者对南海公司的投机狂热在当时破坏性极大。但近一个世纪前，另一场同样狂热的投机泡沫也曾袭击欧洲，那就是郁金香危机。

## 一株球茎一栋房

许多历史学家认为，17世纪的郁金香危机是历史上最早的投机泡沫之一，这场危机源于荷兰人对园艺日益浓厚的兴趣。当时最艳丽和受欢迎的花卉之一是郁金香，它的球茎来自君士坦丁堡，具有抵御北欧寒冷冬季的优势。

渐渐地，郁金香出现在阿姆斯特丹等地的绅士花园中。园丁开始培育杂交球茎，让郁金香开出色彩艳丽、有大理石花纹的花朵。商人也开始出版带有插图的郁金香目录，根据其种类列出球茎的价格。

不断增长的需求（尤其来自法国）推高了郁金香的价格，因此，郁金香交易所于 1636 年在阿姆斯特丹成立。第二年，一颗特别珍贵的郁金香球茎的价格堪比一栋普通房子的售价。也是从那时起，一切开始变得异常。

在 1841 年出版的《大癫狂：非同寻常的大众幻想与群体性疯狂》[7] 一书中，苏格兰记者查尔斯·麦基报道了当时的一系列逸事。

其中一个故事是一名水手不小心吃掉了船长桌上的一株植物，他以为那是一个小洋葱，却不知那是"永恒的奥古斯都"——一种罕见的郁金香球茎，"它的价格可能足够全体船员吃一整年"。据说，这名鲁莽的水手被判入狱。

1637 年，商人们找不到愿意为郁金香支付天价的新买家，郁金香球茎的价格也开始下跌。囤积大量球茎的投机者破产，曾经安全的投资工具的崩溃震惊了荷兰公众。

---

从铁路到矿业公司，再到房地产、啤酒和 19 世纪末的自行车制造商，几个世纪以来，数十次投机泡沫写满了金融书籍的页面。

最严重的一次，华尔街在多年信贷投机后于 1929 年秋崩溃，这摧毁了人们对美国经济的信心，并由此产生了多米诺效应，数百万人破产，大萧条开始。在纽约证券交易所上市的公司在四年内损失了惊人的 89% 的市值。近一个世纪后，这场崩溃仍然令全球金融界后怕。

## 5 万亿美元

最近的一次投机泡沫是 20 世纪末席卷全球的互联网泡沫。

当时，投资者争相投资科技公司，而这些公司往往没有客户、没有产品，盈利前景也不明朗。

我就是投资者之一。

二十出头的我在一家户外杂志当记者。这是一份我梦寐以求的工作：我四处旅行，测试户外装备，同时有机会采访探险界大佬，比如爱德蒙·希拉里爵士，他和夏尔巴人丹增·诺盖一起，成为世界上首批征服珠穆朗玛峰的人；还有莱因霍尔德·梅斯纳，他是第一个成功攀登了海拔超过 8 000 米的全部 14 座山峰的人。

那时，还有一种热爱占据着我的脑海，有时甚至比我对户外世界的热爱还要持久，那就是对互联网公司的爱。

我和我的老板、杂志总编辑史蒂芬开始投资网图，这是一家年轻的加拿大上市科技公司，它有望借助互联网的力量碾压主流媒体。

几个月后，我们的投资价值翻了一番，然后又涨了三倍。每天早上九点半，股市刚开盘，我们都要朝着彼此的办公室大喊几声"哇！"或"难以置信！"因为我们无法抑制对股票上涨的喜悦。

看着投资一天天增值的感觉好极了。经过快速心算，我发现这些赚来的钱可以用来买一辆新自行车，然后可以支付六个月房租，再涨一阵儿就能买一辆二手车，甚至是买一辆新车……

当时媒体引用最多的人物之一是亨利·布洛杰特，他当时34岁，是华尔街的分析师，就职于纽约的投资公司美林。布洛杰特以其分析能力而闻名，他认为科技公司的崛起才刚刚开始，随着它们利润的增长，这种势头将在未来几年继续保持。

布洛杰特并没有那么天真，他意识到投资者对这些公司的追捧并不正常。他的祖父在20世纪20年代发过财，后来在1929年的经济危机和大萧条中失去了全部财富。考虑到自己的家族历史，布洛杰特问年长的同事是否认为历史会重演，就像1929年那样发生崩盘。

"他们几乎异口同声地说，'不，这次不一样'。"他在多

年后回忆道。⁸

投资经理马克 – 安德烈·特科特还记得这个时期。他当时也是二十出头，在一家大型金融机构的折扣券商部门的呼叫中心工作。那时还没有互联网交易，客户买卖股票必须打电话。

"我们的新客户太多了，有时人们得在电话那头等一个小时才能进行交易，"特科特在蒙特利尔老城区有办公室，他坐在阁楼里向我解释道，"客户不高兴，因为在等候期间，他们想买的公司股票就已经升值了。有一次，我接通电话，听到客户在打呼噜。他在电话那头等了太久，居然睡着了。我试着叫醒他，但他睡得太沉，我只好挂断电话。"

特科特的一个老客户是牙医。"他告诉我们，'我赶着给病人看病就是因为我想在股市做交易'。太疯狂了。人们在股市赚了那么多钱，他们的本职工作几乎是次要的。"

然而，当投机者拒绝为科技公司的股票支付更高价格时，过热的市场开始降温。由于没有买家，卖家被迫降低价格，这引发了恐慌循环。

纳斯达克股票交易所总部位于纽约，最大的科技公司都在那里进行交易。从 2000 年 3 月的最高点算起，纳斯达克的市值在两年后蒸发了 75%。作为线上销售宠物用品的公司，Pets.com 的股价从每股 14 美元跌至 0.19 美元。当时年轻的互联网公司亚马逊也在两年内损失了 90% 的市值，几乎从科技公司的版图上消失。

随着泡沫破裂，大约 5 万亿美元的市值蒸发了，这比当时美国经济规模的三分之一还多。

在特科特的记忆中，股市崩盘是一段沉默时期，"公司变得非常安静，因为客户不再打电话了，他们在等待市场反弹"。

他回忆说，有一个老客户人很好，总是彬彬有礼。"他的投资组合价值超过 100 万美元。他好几个月都没打电话。等他打过来，投资组合只值 7 万美元。我们看到很多这样的故事，这很悲哀。"

就在那时，我和老板卖掉了我们的投资，不是在最高点，但也不是在最低点。老板用盈利来装修房子，我赚的钱则花在了计算机等设备上。

科技泡沫的经历给我的印象是，股市就是赌场。"我几乎一无所获。"我自言自语道。

之后十年，我没有投资过一分钱。

## "玩"转股市

年轻时的股市投资经历会决定我们余生对它的看法。

## 第一章　爆发和收缩

21世纪初互联网泡沫破灭时，看到你的叔叔失去退休基金，你可能会非常害怕，以至你永远不想"玩"股市。

或者你可能记得，新冠疫情暴发时，股市急剧下跌。有几天，股市在中午前就下跌了11%。这种暴跌如此之剧烈，你必须回到20世纪30年代才能找到可以与之比较的对象。

1968年至1985年，股市几乎没有上涨。20世纪90年代，股市持续上涨。21世纪头十年，股市经历了一次又一次崩溃。后面十年，股市像火箭一样飙升，却又在2020年新冠疫情期间大幅（暂时）下跌。然后在2022年，股市再次下跌。

所有这些市场波动掩盖了一个事实：即使考虑到泡沫、下跌和崩溃，股市也为一代代投资者提供了丰厚回报。

道琼斯是一个经常被引用的股市指数，它被用于衡量美国30家主要公司的表现。该指数在20世纪初的点位为66，在20世纪末为11 497。

股息是公司利润中以现金返还给股东的部分，通常每年派发两次或四次。如果我们把股息再投资计算在内，那么用1美元在20世纪初投资美国最大的一批公司，一个世纪后，这笔投资的价值将超过18 500美元。

在一个将1美元变成18 500美元的市场投资，我们怎么会有糟糕的经历呢？

如果有，那是因为我们落入了市场布下的陷阱。

有时，我们像艾萨克·牛顿爵士那样，想找到一家"绝对"能让我们致富的非凡公司。有时，听到激情澎湃的专家说股市即将急剧下跌，我们便卖掉股票，希望"安然渡过风暴"。

有时，我们等到崩盘后再投资。但通过银行或金融机构进行投资时，我们没有意识到，对方的利益可能与我们的发生冲突。

这些让我们亏损的投资行为的神奇之处在于，它们永远存在。一代代投资者来来去去，这些投资行为始终不变。

然而，成功投资可以非常简单。

假设父母代表刚出生的孩子每天在美国股市投资 1 美元。孩子在 20 岁时接手，并继续每天投资 1 美元。

按照美国股市每年 11.8% 的历史回报率，当这个孩子 65 岁时，他的投资将价值 480 万美元。

对于第二个孩子，假设这对儿父母没有从他出生时就每天投资 1 美元，但孩子在 20 岁时开始自己这样做。按照同样的投资回报率，当第二个孩子到 65 岁时，他将拥有多少钱？

答案是：刚刚超过 50 万美元。

如果第二个孩子想赶上来，在退休时拥有 480 万美元，那么他必须从 20 岁开始，每天投资 9 美元以上。

这就是简单和时间在投资中的力量。

我很喜欢这个例子，因为早点儿开始投资的影响如此之大，这是反直觉的。而在开始投资前持续观望是投资者会犯的代价最大的错误之一。

## 重新开始

许多人认为，这场投资游戏注定会输，人类的情绪因素注定了平庸的投资回报。这些人认为最好把钱委托给专业人士管理。

我并不反对使用专业人士的服务，我甚至认为这对大多数投资者来说是最好的方案。话虽如此，我也能用自己的例子证明，你可以从错误中吸取教训，养成更聪明的投资行为，轻松投资，甚至比专业投资者的投资波动更小，回报更高。

学会避免投资陷阱也很重要，因为即使钱由别人管理，我们也很可能会犯错。我们会为此支付太多管理费用，会在最糟糕的时机卖掉所有投资，还会从一项投资换到下一项，会出现低级失误，会失去耐心。

我甚至可以说，成为优秀的投资者会让我们成为更完整的人。在一个空前重视即时反馈的时代，延迟满足是当前人们面临的最重要的挑战之一。

市场似乎有无穷无尽的陷阱，它一个接一个地布下这些陷阱，或者同时布下多个陷阱。它先让我们自认为是天才，然后让我们感觉自己是白痴。市场最喜欢的游戏是，今天折磨我们，明天哄我们开心，下个月又吓唬我们。

  我并不是在苛求完美——完美的投资者并不存在。我的观点是要避免落入投资陷阱。

  让我们先来谈谈投资者面临的第一个陷阱：稀有珍珠的神话。

# 第二章
## 寻找稀有的珍珠

Seeking
the
Rare Pearl

> 失败不过是重新开始的机会,但这一次我们会更聪明。
>
> ——亨利·福特

莫尼什·帕伯莱是我有生之年见过的最有声望的投资家之一。

帕伯莱于1964年出生在孟买一个工人阶级家庭,他最为人所熟知的,是他传奇般的冷静、酷似印度王公的花白胡子,以及他在股市中的惊人业绩。

在成长的过程中,帕伯莱目睹父母多次创业失败。"我屡次看到父母失去一切,我说的失去一切,是指第二天没钱买食品杂货,没钱付房租。我从他们身上学到最重要的一点是,我从未看到他们惊慌失措。"[9]

19岁时,帕伯莱移民美国学习计算机工程。20世纪90年代,他创立了一家计算机咨询公司,后来他以2 000万美元将其出售，并进入哈佛商学院学习。从那以后，他开始替客户管理投资基金，管理资产超过 5 亿美元。

帕伯莱将投资家沃伦·巴菲特视为偶像。几年前，他赢得与巴菲特共进晚餐的年度拍卖，成为新闻人物。帕伯莱和同事盖伊·斯皮尔共支付了 65 万美元与巴菲特共进晚餐，这笔钱后来被捐给了一家资助年轻女性企业家的慈善机构。

几年前，我加入加州大学洛杉矶分校的一个学生小组，小组由大约 10 名金融专业的学生组成。在帕伯莱位于洛杉矶南部城市尔湾的办公室，我们与他共度了一个下午。我很兴奋，因为他很少接受采访。

帕伯莱能立刻让我们放松下来。他和蔼可亲，面带微笑，乐意与我们分享他的知识和智慧。他带我们参观他的办公场所，还有一个阳光充足、极其整洁的房间，他坐在那里读书和思考。在走廊的拐角处，他还指给我们看一扇关着的门，他说那扇门通向一个小房间，里面有一张床。

"那是用来午睡的，"他告诉我们，"我几乎每天下午都会小睡一会儿。只有我的头脑得到休息，我才能更好地思考。"

帕伯莱花了几个小时谈论他的职业生涯，并回答我们的问题。之后，他邀请我们到他最喜欢的韩国餐馆共进晚餐，吃辣烤牛肉和泡菜，谈话继续。

> **56%**
>
> 这是美国股市在全球股市总市值中所占的份额。

帕伯莱告诉我们为何市场低迷没有影响到他。例如，在 2008 年至 2009 年金融危机最严重的时候，他为客户管理的投资组合价值下跌了 67%。贝尔斯登和雷曼兄弟等大型投资银行像多米诺骨牌一样倒下。

"多年后，我妻子偶然发现一封我在 2008 年写给投资者的信，"他说，"看到 67% 的跌幅，她吓了一跳。她说，'真奇怪，那一年我没注意到你有什么变化，你看起来没什么不同'。每隔一段时间，市场就会经历一次重大调整。既然你对此无能为力，那么恐慌又有什么意义呢？"

这位投资家还解释，他如何像沃伦·巴菲特一样，建立通常包含不超过 10 只股票的投资组合，并持续多年获得惊人的股市回报。他研究意向公司的财务报表，并在决定投资前避免与对方的经理交流，以免为他们的魅力所倾倒，或成为他们销售技巧的牺牲品。

在会面中，帕伯莱兴奋地向我们介绍了他刚加入投资组合的一家公司。

他解释说，他已经投资数百万美元购买马头控股（Horsehead Holdings）的股票，这是一家专门从事锌回收的公司。锌对许多工业过程至关重要，随着全球经济的扩张，市场对锌的需求也越来越大。

他告诉我们，马头控股位于宾夕法尼亚州匹兹堡市，这家公司即将迎来爆发式增长。"他们正在建造一座投资5亿美元的新工厂，这样的企业北美仅此一家。他们完全能够抓住经济复苏的机会。"

我被他的介绍震撼。他的论点是如此清晰和合乎逻辑，即使孩子也会毫不犹豫地把存钱罐交给他。

"我把投资组合的20%投到这家公司怎么样？"那天晚上开车回家时，我想，"或者更多些，30%？我会坐上这枚名叫马头的火箭直上云霄。"

我没有和那天同行的学生保持联系，所以我不知道他们中是否有人投资了这家公司。但我最终决定不这么做。

我不后悔，因为那次见面几年后，马头控股宣布破产，其股票市值暴跌90%。

## 稀有珍珠的神话

随便找个人告诉你如何投资股市，你都会得到这样的回答："嗯，投资者选择他们认为最有前途的公司，购买它们的股票，希望这些公司会成为下一个苹果或谷歌！"

这就是我所说的稀有珍珠的神话。

在这个神话里，投资者有预见未来的水晶球。能够预测未来的人才能够找到珍珠，而其他人则会失败，且必须承受错误投资带来的重压。

也许你身边的人已经成为这个神话的受害者，或者你自己也是受害者？

也许有人要问，为什么不投资未来呢？

我们可以尽量选择未来几年标志性的创新技术，然后购买相关公司的股票，这些公司将让有远见的股东赚钱。我们可以选择小型生物技术公司、人工智能公司，或者生产锂电池的公司，随着电动汽车销售额的快速增长，市场对锂的需求量也越来越大。

但这种投资方式的问题在于，它有着糟糕的历史记录。即使我们今天能够知道未来改变世界的发现是什么，我们也不太可能依靠这些信息致富。

让我们以有史以来最重要的发明之一汽车为例。

20 世纪早期投资汽车制造商的人，大概认为自己看到了未来。从某种程度来说，他们是对的，今天全世界有超过 14 亿辆汽车在路上行驶。

但对汽车制造商的投资通常都得不偿失。自 20 世纪初以来，美国出现了 2 900 多家汽车企业，这些公司要么消失，要么被竞争对手吞并，或者因为收入不足以维持经营而倒闭。到 20 世纪末，只有 3 家美国汽车制造商仍然屹立不倒（其中两家——通用汽车和克莱斯勒——后来在 2007—2008 年的经济危机中被美国联邦政府从破产边缘拯救出来）。

继汽车之后，航空产业的兴起彻底改变了数十亿人工作和出行的方式。同样，在这个竞争激烈、利润率极低的行业，投资很少能产生理想结果。

不久前，谈到股市投资，就有人提到大麻。那时这种软性毒品即将在我的祖国加拿大合法化，大麻生产企业的股票价值也直线上升。

当我反复强调这些投资从长远来看几乎不可能成功时，许多人看我的眼神就好像我长了两个脑袋。他们确信自己找到了致富的秘诀。每个人都知道，自己有邻居或亲戚投资这个行业，且资金在几个月内翻了一两番。

当时，在纽约纳斯达克证券交易所，跨国大麻公司迪尔瑞的每股价值超过 148 美元。但在几年后，它的价值还不够买点儿吃的垫肚子：每股价值不到 4 美元。

正如你所看到的，通过挑选有可能改变世界的公司来投资未来，这并非易事。

即使是那些貌似合乎逻辑、保证能让我们赚钱的投资，结果也往往令人失望。

在新冠疫情之初，随着恐慌在世界各地蔓延，没人知道疫苗能否被研发出来，更不用说是否有足够的疫苗来保护所有人。

假设一个有远见的投资者预见到某家跨国制药公司，比如辉瑞，将能够在创纪录的时间内生产出一种疫苗——事实确实如此。

紧接着，数百万人排队接种该公司的疫苗，而这位投资者在疫情初期用 1 万美元买入了辉瑞股票，一年后股票价值 11 900 美元。

同样是疫情期间，星巴克不得不关闭数百家门店。但如果投资者用 1 万美元买入星巴克的股票，那么在同年年底他将收获价值 1.42 万美元的股票资产，这比投资辉瑞的回报率高了 20%。

因此，投资时常令人沮丧。

提起刺激的股市投资，我总是记得作家伯顿·马尔基尔的格言："永远不要从气喘吁吁的人那里买东西。"[10] 沃伦·巴菲特也说过类似的话："小心那些让人喝彩的投资活动；真正的投资妙招通常十分无趣。"[11]

巴菲特指出，有些公司看似平平无奇，无人讨论，也没有媒体报道和推荐，但就是这些公司的股票能在股市实现大幅增长。

2004年，达美乐比萨在纽约证券交易所上市。此后，它实现了美股几十年来的最佳增长之一：最初1万美元的达美乐比萨股票在15年后价值超过37万美元。

假设我们能乘坐时光机，带着这些信息回到达美乐首次公开募股的那天，"我知道你应该投资什么，"我们会对家人和朋友说，"你需要买入达美乐比萨的股票！"

恐怕我们在那时会遭到嘲笑。

投资者不想了解比萨。他们想要生物技术、锂和大麻的股票。

于是他们承受了相应的后果。

## 专业人士如何？

专业投资者能在市场上获得惊人的长期回报吗？

在几乎所有情况下，答案都是否定的。我有数据可以证明。

标准普尔全球是一家总部位于纽约的金融信息公司。20多年来,标普全球每年都会发布两次备受期待的标普指数与主动投资对比报告,即 SPIVA。

SPIVA 报告对比主动基金经理与美国和全球股市的整体表现。简而言之,这张成绩单能让我们了解专业投资者是否比其他人更早发现"稀有的珍珠",并建立起比整体市场盈利更高的投资组合。这就像他们的成绩单,在暑假前的最后一天发放。

这份报告很有趣,因为它立场中立,并且比较的是同类投资。报告在网上很容易找到,但我怀疑大多数专业投资者在会见客户时是否会主动提及 SPIVA。

SPIVA 的 2022 年中期报告显示,在所有专业人士管理的美国大盘股基金中,有 55% 过去一年的表现逊于标准普尔 500 指数,86% 过去三年的表现都逊于标普 500 指数,而这当中 90% 的基金过去十年的平均表现都逊于标普 500 指数。[12] 中盘股和小盘股基金的结果类似,成长基金的表现更差,虽然成长基金本应该带来的是……增长。

## 解读标准普尔 500 指数

我尽量在书中避免使用金融术语,但无法完全避免。我长话短说。

每当谈到美国股市的表现时，我指的都是标准普尔 500 指数的表现，这是最权威的指数。该指数代表在纽约证券交易所和纳斯达克股票市场上市的美国最大的 500 家公司 ( 纳斯达克股票市场也位于纽约，苹果和谷歌等科技公司都在此交易 )。 标普 500 指数回报惊人。即便考虑崩盘、市场风暴、调整等负面事件，自 1957 年以来，这 500 家公司的价值平均每年仍增长近 12%。 例如，1957 年投资标普 500 指数 1 000 美元，这笔投资的价值在本书撰写时已近 150 万美元。是的，你没看错。

要投资这个指数，你必须通过金融产品公司。这些公司提供被称为指数基金的基金，其中就包含标普 500 指数成分股公司的股票。基于指数的交易所交易基金 (ETF) 也包含相同股票，交易方便，而且通常年费极低。

至于"大盘股"、"中盘股"和"小盘股"，这些是指基金成分股公司的规模。大盘股公司市值超过 100 亿美元，中盘股公司市值在 20 亿到 100 亿美元之间，小盘股公司市值在 3 亿到 20 亿美元之间。

这些数据显示，长期来看，只有不到十分之一的专业管理基金的投资增长率能高于股市。请注意，这些基金由专业人士管理，这些人在该领域学习过，将职业生涯奉献给该领域，并拥有个人无法获得的网络和资源。

在投资经理中，包括帕伯莱在内的一部分经理可以多年成功战胜市场。其中一些将保持其卓越表现，另一部分的业绩则会下降，还有一部分人的业绩将大幅回落。

我不清楚帕伯莱是否在马头控股的倒闭中损失惨重，但我认为他没有。他投资这家公司的资产估计不超过 10%，这一策略可以使他避免灾难性的损失。也许他在股票暴跌之前就卖掉了这笔投资，锌价下跌和工厂建设问题导致了这家公司的崩塌。

我只知道，如果我当初被这颗"罕见的珍珠"迷住，我今天会更穷。

> ### 年轻人储蓄多，投资少
>
> 安大略省证券委员会的一项研究显示，18 岁至 34 岁的年轻人比其他人更不愿意投资：其中五分之四的人会存钱，但只有二分之一的人会投资资本市场。[13] 在这一群体中，68% 的人表示自己有其他财务优先事项，66% 的人表示没有足够的储蓄，59% 的人表示缺乏投资知识，57% 的人担心在市场上赔钱。

## CDPQ 战胜市场了吗？

那么机构投资者的回报如何呢？这些受人尊敬的大型公司擅长从顶尖大学招聘最优秀的毕业生，这样的公司拥有强大的研究和分析工具，以及惊人的投资能力。

以魁北克储蓄投资集团（CDPQ）为例。CDPQ 拥有 850 多名员工，在蒙特利尔市中心有一座宏伟的钢化玻璃总部，该公司管理着超过 2 850 亿美元的资产，是世界上最大的养老基金之一。

CDPQ 有着令人震撼的投资记录。在其成立后的前 55 年里，从 1965 年至 2020 年，它的年均回报率为 8.5%。[14] 这意味着，1965 年投资 CDPQ 1 万美元，55 年后这笔投资的价值将超过 88 万美元。

这一增长看起来惊人而卓越……除非你将其与股市指数比较。

1965 年至 2020 年间，如果有这样一个多元化均衡投资组合，它包括 60% 的美国、欧洲和新兴市场股票，以及 40% 的债券（第四章将讨论债券），那么 CDPQ 的回报率将被远远甩在后面，前者 1 万美元的投资在今天将价值 160 万美元。

我举这个例子并不是要批评 CDPQ，因为它的投资方式受到多种限制。相反，我举这个例子是想说明股市指数的难以战胜。

无独有偶，美国最大高校的捐赠基金的回报率也难以超过股市。

根据全美高校经营管理者协会（NACUBO）的数据，过去 10 年，拥有超过 10 亿美元捐赠基金的大学，其基金的年均回报率为 8.9%。同期，标普 500 指数的年均回报率为 13%，更为保守的投资组合（包括 75% 的股票和 25% 的债券）的年均回报率则超过 10%。

普林斯顿大学基金通常被认为是近年来表现最好的捐赠基金之一，其管理方采取激进的偏向股票的投资方式。即便如此，该基金过去 10 年的年均回报率也仅为 10.6%，低于标普 500 指数的投资回报率。

即使是近年来表现最好的普林斯顿大学捐赠基金，也只是在 10 年内将 1 万美元变成不到 2.2 万美元，比均衡投资组合的投资回报少了近 4 000 美元。

为什么名牌大学的捐赠基金会取得这样的成绩？

因为名牌大学基金会的员工拥有高薪和令人羡慕的福利，为了证明这些待遇是合理的，基金管理团队必须不断思考和研究，并提出大胆的投资建议。

### 一次性投资还是定期买入？

当你收到一笔遗产或其他一大笔钱时，你是否也想过是一次性全部投资，还是把钱分开逐步投资好？

过去 150 年的历史告诉我们，北美股市大约每三年中就有两年上涨。从统计数据来看，你的钱在市场上待的时间越长，它就越有可能变多。所以，解决这个困境的办法就是一次性投资，同时保有市场随时都可能下跌的觉悟。

如果对一次性投资不放心，你可以建立一个简单的系统来进行增量投资（例如，在每月第一天投资总金额的25%，如此持续四个月）。

有些投资会带来回报，有些不会，还有一些选择将成为彻头彻尾的灾难。几年前，哈佛大学捐赠基金在世界各地购买农田，一份深度报告称哈佛的农田投资"为其基金经理和商业伙伴带来意外之财，但作为大学的投资策略却是失败的"。[15] 该基金受到公开批评，并造成超过 10 亿美元的损失。

哈佛基金管理者并非无能，相反，他们是最出色的。但即使最优秀的投资者的业绩也很少连续几年超过市场回报率。

标准普尔全球的数据似乎证实了这一点：截至 2021 年 12 月 31 日的前 10 年期间，扣除管理费用后，83% 的机构投资者的业绩表现不如标普 500 指数。[16]

## 华尔街之王

既然所有专业人士和机构投资者的业绩都无法超越长期的市场回报，那华尔街之王呢？

这些华尔街之王都是千万富翁和亿万富翁，他们在世上的使命就是为富有的客户带来巨额的投资回报。他们一定有魔力，否则巨富们为什么要跟着他们投资呢？

我说的就是那些经营对冲基金的人。对冲基金可以应用各种策略并投资各种资产，包括股票、土地、私人公司、货币、金属等等。对冲基金投资的唯一目标是在控制损失的同时实现收益最大化。

伊恩·加斯孔现在是艾德玛投资（Idema Investments）的投资经理兼总裁。因为学习了金融、管理和工程专业，加斯孔在纽约时有机会见到许多这样的投资者。当时他在一家大型金融机构工作，负责机构投资组合的管理。

"我必须研究他们的策略和投资方式，"加斯孔在接受采访时解释，"但我最终意识到，这些在投资组合管理方面最老练的、赚了数百万甚至数十亿美元的优秀经理，他们中的大多数都没有为投资组合增加长期价值。实际上，他们只是在操作一台大型营销机器。"

这个故事让我想起纽约的投资经理大卫·艾因霍恩。他从零开始，在 21 世纪初取得了巨大的成功，他的公司绿光资本在过去 10 年中的年均回报率为 26%。

投资才能使他声名鹊起。艾因霍恩在 40 多岁时成为亿万富翁，尽管他的娃娃脸使其看起来年轻了 10 岁。他被《时代》杂志评为全球 100 位最具影响力人物之一。

《华尔街日报》报道称，客户们对艾因霍恩管理自己的资金感到非常荣幸，以至对他的一些不良习惯视而不见，比如艾因霍恩冷漠的沟通方式，与客户持股公司部分首席执行官的冲突，及其在曼哈顿参加的夜间聚会。

然后意外发生了，艾因霍恩的投资组合不再赚钱了。

据报道，由于业绩不佳和客户流失，绿光资本管理的资产规模从 2014 年的 120 亿美元降至 2022 年的 12 亿美元。

"（艾因霍恩）很固执，"绿光资本的一位前客户告诉《华尔街日报》，"他不会承认自己错了，这快把我逼疯了。"[17] 2022 年，艾因霍恩度过了不可思议的一年，没人知道他的未来会怎样。

在《漫步华尔街》一书中，作家兼经济学家伯顿·马尔基尔分析了美国顶级投资经理几十年来的表现。他指出，某个十年中的"王者"——受到媒体推崇和新客户追捧的经理——在之后几十年的业绩表现几乎总是低于平均水平。

马尔基尔写道："只要能维持平均水平，一些经理就有可能表现更好。但一个时期表现良好并不预示下一个时期的表现也会好。"[18]

## 巴菲特的赌局

2005年前后，沃伦·巴菲特打赌，没有金融专业人士能挑选出5只在未来10年平均表现超过标普500指数的对冲基金。

有人会认为，基金经理们会争先借机展示自身优势，公开反击这位著名的亿万富翁。但这个赌局并不热门，只有门徒合伙基金公司的基金经理泰德·西德斯应战。

然而，不到10年，西德斯就认输了。他为了战胜市场而精心挑选的基金每年仅上涨2.2%，而同期标普500指数的年涨幅超过7%。这场赌约的收益捐给了慈善机构。

不是西德斯运气不好。瑞士信贷计算并分析了9 000只资产规模不低于5 000万美元的基金，发现从1994年到2021年，这些对冲基金经理整体都未能跑赢标普500指数。

1994年，投资这些基金1万美元，如今这笔投资价值5.9万美元，而如果直接投资标普500指数，这1万美元将变为13.5万美元。[19]

对冲基金回报率低的原因是什么？

关于对冲基金，一个不可告人的小秘密是，绝大多数对冲基金会在遭受灾难性损失后的几年内关闭。研究人员分析了近6 000只对冲基金过去22年的表现，发现只有1 200只对冲基金在整个研究期间存续（共同基金行业也经常关闭表现不佳的基金）。[20]

沃伦·巴菲特总结道："当数万亿美元由华尔街人士管理并收取高昂的管理费用时，通常是管理者获得巨额利润，而不是客户。"[21]

## 选择赢家

长期跑赢标普500指数之所以如此困难，是因为表现优异的股票很少。

亚利桑那大学研究人员的一项研究表明，1926年至2016年，在纽约证券交易所上市的2.5万多家公司，只有4%对市场在此期间的收益有所贡献。其余股票（96%的公司股票）的整体回报率要么为零，要么与一个月期国库券相比，其回报率为负，而国库券被认为是最安全的投资方式。[22]

宁泰投资有限责任公司是一家美国投资管理公司，托马斯·麦克弗森担任总经理兼首席投资官。麦克弗森指出，要战胜市场非常难，这与投资从业者反复强调的基本原则背道而驰。"如你所想，这项研究让整个行业兴奋不已……找出将产生长期收益的那 4% 的股票非常困难。"[23] 他谦逊地写道，"理解这段文字需要一些时间。"

如果我问你，能在未来为投资组合带来大部分增长的这些少数公司是谁，你会想到哪几家公司？

苹果、谷歌、微软、特斯拉或亚马逊很可能会榜上有名。而这就是问题所在。

这些大公司确实可能会在未来几年继续表现良好。但千百万投资者都期望它们表现良好，它们的股价也反映了这些预期。

所以，这些公司明天的增长可能没有昨天那么激动人心。

未来几十年推动市场上涨的 4% 的公司中，还会有它们的一席之地吗？谁也不知道。

我们知道的是，那些最大的公司很少长期保持领先。下表比较了 2003 年和 2023 年美国股市最有价值的 10 家公司。

| 标准普尔 500 指数中市值最大的公司 ||
| --- | --- |
| 2003 | 2023 |
| 1. 通用电气 | 1. 苹果 |
| 2. 埃克森美孚 | 2. 微软 |
| 3. 微软 | 3. 亚马逊 |
| 4. 花旗集团 | 4. 字母表公司（谷歌）A 类股 |
| 5. 辉瑞 | 5. 伯克希尔 - 哈撒韦 B 类股 |
| 6. 强生 | 6. 英伟达 |
| 7. IBM（国际商业机器公司） | 7. 特斯拉 |
| 8. 宝洁 | 8. 字母表公司（谷歌）C 类股 |
| 9. 美国国际集团 | 9. 埃克森美孚 |
| 10. 沃尔玛 | 10. 联合健康集团 |

除了微软和埃克森美孚，其他 2003 年的上榜公司在 20 年后都不再名列前茅，而在投资者的一生中，20 年并不长。作为 2003 年市值最大的公司，通用电气甚至濒临破产，如今在标普 500 指数中排名第 85。

出于这个原因，在试图创建由"成功"公司组成的投资组合之前，投资者应该小心谨慎，因为每个时代都有不同的赢家。

如果能一直押对那些大放异彩、生意兴隆的公司就好了——这就是下一章的内容。

# 第三章
# 利润的合理份额

*Our Fair Share of the Profits*

就像你的其他所有作品一样，你的这幅画一无是处，你不是艺术家。

——荷兰画商H.G.特斯泰格对文森特·凡·高说

假设你每年都能通过挑选世界上最优秀的自行车手来赚钱。

游戏规定，你可以选择以下两种策略中的一种。

第一种策略是，每年尝试预测将登上环法自行车赛领奖台的三名运动员。环法自行车赛是最艰难、最负盛名的自行车比赛。为了进行分析，你可以比较自行车手的年龄、在以往比赛中的成绩、是否受伤以及在山区及平地的骑行表现。

如果预测正确，你会大赚一笔，手里的钱会成倍增加。如果预测错误，即你选的三个车手中有一个或多个表现不佳，有人中途不得不放弃，或者某些不知名的年轻选手登上了领奖台，你的钱就会减少。

第二个策略是，忽略以上因素，每年只选择环法自行车赛的主车群。为不熟悉自行车项目的人解释一下，主车群是比赛中的大部队，出于空气动力学等好处，这群人选择一起骑行。

选择整个主车群，你的投资组合中可能没有人登上最终的领奖台。毕竟，比赛获胜者是那些脱离主车群、一马当先的人。

但是你的组合会自动拥有全球的最佳骑手，他们可以高速完成比赛，领先主车群后的几乎所有选手。如果不够敏捷、强壮和坚韧，骑手就无法进入主车群。你甚至不需要知道组合中骑手的名字，主车群将一直处于有利位置。跟不上的骑手会被车群抛弃，而未来之星最终将加入主车群。许多有朝一日将加入主车群的选手甚至还没出生。

如果你选择主车群，你的钱就会增加。它不会一夜之间翻倍，但会随着时间的推移而累积并带来复利效应。

那么，在这两条策略中，你会选择哪个？哪个会在10年、20年、30年后产生更好的历史业绩呢？

这是每个投资者都必须思考的问题。

就投资而言，第一个策略是选择个股（或者把钱委托给别人帮你选择）。尽量挑选有可能表现出众、登上领奖台的公司股票，或是因其稳定性等理想特征脱颖而出的公司股票。

第二个策略是押注主车群，即投资指数基金。

## 指数基金和 ETF——努力为投资者服务

指数基金和 ETF 是持有数百甚至数千家上市公司股票的基金。

通过购买这些金融产品，我们成为其中每家公司的共同所有者。由于这些公司的经营领域不同（科技、零售、银行、交通等），这自动分散了我们的投资，避免了某家公司或某个领域近一年表现不佳甚至股价长期下滑的风险，这样也减少了我们把所有鸡蛋放在一个篮子里的风险。

到目前为止，最热门的指数基金是追踪特定股市中最大公司的基金。在美国，最大的指数基金追踪华尔街旗舰指数，即标普 500 指数。

指数基金和 ETF 是类似的产品，但有一些关键区别。指数基金每天只在交易日结束后定价一次，而且必须通过富达或先锋领航等基金公司购买。而 ETF 可以像股票一样交易，股市开盘时，ETF 每一秒都在重新定价，投资者可以使用证券账户轻松快速地买卖。

指数基金和 ETF 的优势之一是会定期调整，就像它们追踪的股指一样。举个例子，如果某家公司陷入困境后股票市值下降，它就会从标普 500 指数的名单中消失，最终被移除投资组合。这就是摩托车制造商哈雷戴维森的遭遇，该公司因销量下降而遭受重创。

相反，一家年年增长的公司——如特斯拉——其市值会增加并进入标普 500 指数。换句话说，这 500 家公司就像环法自行车赛的主车群，其骑手组成不断变化，以反映比赛状况。

一家公司能否实现显著增长并跑赢标普 500 指数呢？答案是肯定的，它可以。但是，要想以这种方式投资并获得持续成功，投资者必须准确选择有不俗表现的公司，而这样的公司每年都不一样。你如何能年复一年一直选对呢？

正如我们在前一章看到的，这样投资出错的风险很高，而收获高回报的概率很低。因此，几乎所有投资者的投资回报都无法超过指数基金或 ETF 的增长。

## 共同基金 vs ETF

共同基金将投资者的资金集中起来，让他们拥有基金中部分资产的所有权。共同基金由经理管理，经理可能隶属于银行等金融机构，并根据各种目标（如投资资金的保值或增值）做出投资决策。

ETF 则是将某个股市指数或细分市场（如零售、能源等）中的所有股票集中。ETF 不由经理主动管理，这使得它们的收费非常低。

指数基金和 ETF 的另一个优势是，它们的费率通常极低。费率是基金提供商每年向投资者收取的费用。极低的费率将它们与共同基金等基金产品区别开来，毕竟共同基金包含由基金经理亲自挑选的股票。

共同基金收取的年费可能为投资价值的 0.5%~2.0%，而指数基金和 ETF 的费率通常不到 0.2%，有时甚至低至 0.03%。

乍一看，支付 1% 或 2% 的费用似乎合理。毕竟，我们购买其他产品的销售税比这要高。那么，我们为什么要介意这区区 1% 或 2% 呢？

在投资的最初几年，0.03% 和 2% 的年费率差别并不明显，但放在我们的整个投资生涯中来看，两者的差距会变成鸿沟一般。正如我们将在本书后面看到的，多年投资累积的年费差距很可能达到我们预期回报的 50% 以上，我们的投资回报在这笔费用中蒸发了。

金融业的商业模式主要是通过共同基金向客户收取各种费用。从这个角度看，指数基金或 ETF 等更具竞争力的投资产品的出现，有时会惹人厌，就像一杯黑皮诺葡萄酒里的大苍蝇。

投资专业人士对指数基金的反感并不新鲜，事实上，它可以追溯到指数基金发明之前。

## "疯狂"的想法

第一个公开提出指数基金构想的人在当时很快成为金融界的笑柄。

1973 年，41 岁的美国经济学家伯顿·马尔基尔出版了《漫步华尔街》。他在书中揭露，专业人士为客户建立股票投资组合，试图超过市场回报，这十分愚蠢。回到我们之前的例子，这就像尝试选出每年将登上环法领奖台的三名骑手。

马尔基尔有足够的资格说出这样的话，他拥有哈佛大学 MBA（工商管理硕士）和普林斯顿大学经济学博士学位。他计算得出的结果是，对投资者来说，最好的办法是买没人会费心组合的基金。这是一只"被动"基金（就像环法自行车赛的主车群），它将直接复制主要股市指数（如标普500）的构成和表现。自动化操作使得这样的基金只需非常小的团队来管理，因此该基金收取的年费比由分析师和经理团队管理的共同基金低80%到90%。

马尔基尔的提议刚提出就被否决了。在为金融杂志《商业周刊》评论《漫步华尔街》时，一位华尔街专业人士写道，这是"（他）读过最没用的东西"。

"这本书在华尔街并不受欢迎，"马尔基尔多年后在播客节目《动物精神》中回忆道，"我的想法被称为'疯狂'。人们显然认为投资组合需要专业人士来管理。"[24]

两年后的1975年，约翰·博格创建了指数基金的前身。博格毕业于普林斯顿大学经济学专业，他的父母在大萧条中失去了一切。指数基金由博格创立的先锋领航推出，该基金由构成标普500指数的500家公司组成。

博格当时46岁，他的目标是筹集1.5亿美元来启动新基金。由于人们缺乏兴趣，他最终只筹到1 100多万美元。许多年里，他的基金被嘲笑者称为"博格的愚事"。

"它一败涂地，"伯顿·马尔基尔回忆道，"博格遭到了大量批评。但这只基金是成功的，因为这个策略是有效的。它只是在营销上并不成功。很长一段时间，这都是一只非常小的基金。"[25]

最常见的批评是，被动投资"不美国"，意思是美国人的投资方式是主动冒险在股市获得刺激的结果，而不是在游戏开始前就放弃通过冒险战胜市场。

美国资产管理巨头富达基金的董事长表示，他"无法相信"大多数投资者会满足于只获得"平均"回报。这一分析居心不良，因为正如我们将看到的，长期实现平均回报会带来巨额收益，这一收益几乎不可能被其他投资带来的回报超越。

至于博格，他表示自己看重的想法并未受到这种冷遇的影响。"异议越多，我就越相信自己是对的，"他在多年后回忆道，"我就是那种特立独行的人。"[26]

多年以后，投资者才对指数基金产生兴趣。他们一旦开始接触指数基金，就再也不会回去了。

先锋领航现在是全球最大的投资管理公司之一。这家公司由约翰·博格创立，管理着170个国家的3 000万投资者的资产，管理规模达7万多亿美元。

先锋领航的年收入接近70亿美元，即该公司管理的每1 000美元都有1美元的收入回报。公司的结构是为了减少年费而设计的，从而让利润更多地回到投资者的口袋里。

博格在《长赢投资》中写道："我们的任务仍然是：在未来几年，无论企业提供何种慷慨回报，我们都只获得合理的份额。"他接着写道："……指数基金是唯一能保证我们实现这一目标的投资。"[27]

约翰·博格于2019年去世，享年89岁。在他漫长的一生中，他经常提醒那些想通过调整投资组合赚更多钱的投资者。

他写道："不要以为你比市场懂得更多，没人能比市场懂得更多。不要按照自己的见解行事，你认为那是你一个人的想法，实则千百万人都这样想。"

沃伦·巴菲特是最崇拜博格的人之一，他抓住一切机会赞美博格彻底改变了金融业。"如果要建一座雕像，纪念为美国投资者做出最大贡献的人，理所当然要选择约翰·博格。"他曾写道。[28]

伯顿·马尔基尔的《漫步华尔街》现在已经出到第13版。自1973年发行以来，包括股息在内，标普500指数已经上涨超过12 000%。在这本书发行当天（当时还没有指数基金），如果投资者向追踪标普500指数的假想基金投资1万美元，他今天的投资组合的价值将达到120万美元。在这一切发生的同时，他什么都不用做，市场会为他工作。

在协助推广被动投资半个世纪之后，伯顿·马尔基尔比以往更加确信，自主和专业投资者应该把钱投入这些被动金融产品。

"投资者支付的年费越低，口袋里留下的钱就越多，"马尔基尔说，"我对此深信不疑。约翰·博格曾说，'在投资界，你会得到自己没有支付的东西'。我比以往任何时候都更同意他的观点。"[29]

## 为人所知

第一批接受被动投资的投资者中，有一位叫理查德·莫林的加拿大投资经理。

1991年，理查德·莫林投资了世界上第一只成功的ETF——多伦多35指数参与基金（简称TIP）。

30多年后，他仍然没有卖掉这笔投资。

"我从来不卖投资组合里的东西。"他笑着解释道。

理查德·莫林又高又瘦，棱角分明的脸让人想起演员罗伯特·雷德福，他在蒙特利尔郊区长大。由于要抚养5个孩子，莫林的父母勉强维持着中产阶级下层的生活。他的父亲曾在次级贷款公司家庭金融部门担任经理，负责借钱给被银行拒绝的客户，这家公司后来被汇丰银行收购。

莫林说："我父亲的典型客户是需要200美元买电视机的人。如果对方不还钱，公司就只好去收回电视机。父亲讨厌这份工作,但它能满足家用开销,并给他提供优渥的退休生活,让他得以享受人生。"

在麦吉尔大学攻读 MBA 期间,莫林在公告栏看到蒙特利尔证券交易所实习职位的招聘广告。他前去应聘并被录用。

"我对金融一窍不通,是那则广告改变了我的人生。"

莫林在蒙特利尔证券交易所工作了 11 年。后来,他受邀掌管毛里求斯证券交易所,并在西非的阿比让成立了一家地区性证券交易所。再之后,他接受了巴基斯坦证券交易所首席执行官的职位,在那里生活和工作了近两年。

莫林发现,巴基斯坦 2.1 亿人中只有 25 万投资者。巴基斯坦的精英阶层世代将财富据为己有。

"就投资者保护而言,巴基斯坦证券交易所面临巨大的挑战,少数几家证券公司主导市场。我们的任务是使股市投资大众化。为此,我们采取的方式之一,是推出该国历史上第一支 ETF,并加强投资者保护基金。"

20 世纪 90 年代,在瑞士阿尔卑斯山徒步旅行时,莫林萌生了创建一家只投资指数 ETF 的投资管理公司的想法。

当时很少有人知道 ETF,他花了好几年时间才实现梦想。

理查德·莫林现在是射手座投资管理公司的总裁,该公司只投资指数基金和指数 ETF,力求建立多元化、节税的投资组合。该公司拥有 8 名顾问，为大约 700 个家庭管理 3 亿美元资产。

莫林说："我们客户的平均投资组合金额约为 40 万美元，我们根据共同确定的配置，将 100% 的资金投入股票和债券 ETF。我们一定要和客户进行匹配，有时我们会婉拒与我们愿景不同的客户，我知道他们将来不会对我们满意。"

莫林说，射手座这样的公司面临的挑战是让自己为人所知。在一个由规模驱动的行业中，大型金融机构通过投放大量广告占据了大部分市场。

"普通投资者不知道有我们这样的公司存在。"他说。

## 主动管理 vs 被动管理

主动投资组合管理涉及人为干预。投资者（或其代理人）买卖投资产品，以实现既定目标，如快速增长和在市场风暴中更稳定，等等。

在被动投资组合管理中，市场处于主导地位。一旦选定投资组合，投资者（或操作其投资的人）就完全不插手。请注意，拥有 ETF 不一定是被动管理，许多投资者会根据他们判断的市场走势买卖 ETF，但这种行为会带来较差的长期回报。

## 突破

几十年间，通过指数基金或指数 ETF 进行被动投资比以往更受欢迎，其投资者和投资金额增长迅速。这类产品从无到有，如今已占美国管理资产总额的 50% 左右，在英国是 31%，在加拿大是 13%。

为什么美国比世界上大多数市场更早出现转变？

艾德玛投资为客户管理低成本的 ETF，其总裁伊恩·加斯孔表示，在世界上的许多地方，被动投资的最大障碍是市场结构。

"在许多国家，投资业由大型金融机构主导，它们无意对所有资产都用成本极低的解决方案，"他解释说，"对机构来说，年费率 2.5% 的共同基金比年费率 0.2% 的 ETF 利润高得多，因此他们往往较少向客户提供 ETF。"

为什么这种体系会一直存在？

我认为，大多数人不知道自己给财务顾问或投资经理的报酬是多少，许多人根本不在乎这笔钱。

即使普通投资者发现了这点，他们又能做什么呢？换一个机构，然后发现自己处于同样的境地？

我还认为，投资进展缓慢的原因之一是投资者总是希望找到才华横溢的职业投资经理，这种投资经理能点石成金，能连续几十年跑赢主要市场指数，或者能在市场低迷时期保护好投资组合。当然，对投资者来说，这个目标并非没有道理。

如果我们合作的专业人士能说服我们不在市场风暴中出售投资，或者鼓励我们储蓄并增加投资，这将使我们大受鼓舞。

然而，资产管理行业擅长让我们相信他们有（实际上他们并不具备的）能力，且他们能提供比实际更高的回报。

投资经理持续几十年从我们的投资中扣除年费，这正在受到越来越多的谴责。这种模式是另一个时代的产物，在那个时代，金融是男人从事的行业，这个行业靠客户缺乏选择和金融知识维持。

"在我们这行，客户正遭受剥削，不仅是被投资顾问剥削，"在《投资丛林》(*In the Investment Jungle*) 一书中，拥有亿万资产的投资家斯蒂芬·贾里斯罗夫斯基哀叹道，"大家都在以牺牲客户的利益为代价，赚取尽可能多的钱，包括收取尽可能高的费用。如果这个行业少一些贪婪，多一些专业，每个人都会从中受益。"[30]

## 指数基金危险吗？

正如"杀狗最好的办法，就是说它得了狂犬病"，一些金融专业人士警告客户：远离指数基金和 ETF，它们太受欢迎了，风险很大！它们扭曲了市场！它们是投机工具！

例如，他们会指出，对于外行来说，可选的指数基金和 ETF 已经令人眼花缭乱，难以驾驭，但他们回避了这样一个事实，即选择基金的过程可以非常简单，我会在第九章进行解释。

他们继续坚称，一些 ETF "很危险"，因为它们围绕"杠杆"建立，杠杆会增加或减少市场波动，但他们没有提到，这些小规模的专业 ETF 只有一小部分投资者在使用。

业内批评人士还表示，投资指数基金或 ETF 存在风险，因为它们的价值波动迅速。在某些年份，追踪标普 500 指数的基金价值会涨跌 20% 或 30%，甚至更多。

这些批评人士没有提到的是，这类基金由 100% 的股票组成，它们的价值当然会波动！没人会建议那些担心股市崩盘的保守投资者投资只包含股票的组合。这种投资者应该把很大一部分资产用于投资债券，我将在下一章做出解释。

我能想象到投资经理和投资顾问坐立不安的样子。

"没错！我们的共同基金和股票投资组合很少跑赢指数，"他们说，"但跑赢指数不是客户想要的！他们想要晚上能睡得好，他们想避免在市场开始下跌时损失惨重，而这是我们擅长的。"

这个论点很有吸引力，几年前，位于纽约的金融信息公司标普全球首次对其进行了分析。

在调查近14年来1 000多只主动管理共同基金后，研究人员得出结论，80%的美国共同基金和65%的欧洲共同基金的波动比其投资的市场板块波动更大。[31] 简而言之，专业投资管理公司未能兑现"让客户晚上睡得好"这一承诺。

如果被动投资风险如此大，那么你必须相信，沃伦·巴菲特肯定没有听到这条消息。这位奥马哈的亿万富翁在遗嘱中指示遗嘱执行人，将他留给妻子的大部分资金用于投资追踪标普500指数的先锋指数基金。[32]

无论我们的投资形式是共同基金、指数基金还是ETF，它们大多由两种主要资产组成：股票和债券。这些资产就像我们投资组合的阴阳，具有双重作用，让我们既能赚钱，又能在市场风暴来袭时保持理智。

我们应该在股票和债券上投资多少呢？我将在下一章讨论这个问题。

# 第四章
# 股票和债券

Stocks
*and*
Bonds

让一切发生在你身上，

美丽和恐惧，

继续前进吧，

任何感觉都不是最终的。

——莱纳·马利亚·里尔克，奥地利诗人

在电话另一端，一位多年未联系的童年好友想说服我去市中心一座金色的摩天大楼见面。

"我们可以谈谈你的财务状况。"他说。

这个建议令我发笑，因为我没有财务可言。当时我20岁，正在上大学，为了付房租，在一家露天商店做兼职。我唯一的财务预算是买啤酒。

这位朋友刚被一家保险和投资公司聘用，希望扩大自己的客户群。我不好意思拒绝，便接受了他的提议。

几天后，在一间废弃的大会议室，他西装革履地接待了我。会议室洒满余晖。"这次见面太荒谬了，"我想，"应该是我问他的财务状况，而不是反过来。"

经过一个小时的讨论，朋友说："尼古拉，我认为最好开一个退休金账户。你可以每月存 25 美元。"

感觉到会议即将结束，我很高兴，便同意了。

他递给我一张宣传单。

"你想买哪只基金？我们有一只股票基金……"

我突然打断他。

"我一分钱也不想失去，"我告诉他，"一分，也，不想。"

于是，朋友把我每月的 25 美元投资于货币市场基金。这种基金非常安全，但回报率很低，甚至赶不上通货膨胀。在投资公司扣除价值我投资组合 2% 的年费后，我在不断亏损，而不是赚钱。

我很高兴能开通自己的账户，现在这个账户由我自己管理。我意识到，当时我那 20 岁的朋友没有足够的知识来给我建议。

如果他有，他的回答会是这样："尼古拉，你还年轻，也许还能活 70 年。你可以忽略股市波动，因为你前途无限。你应该主要投资股票型基金，并且每个月增加资金，而不必关注市场动向。"

## 我这个年纪应该存下多少钱?

这是一个有争议的话题,每个人的情况千差万别。为退休金计划储蓄的教师与个体户的处境大不相同。资产管理公司富达发布了以下表格来说明未来的情况。为了实现表格中的数字,富达假设,我们必须从 25 岁开始,将收入的 15% 用于储蓄和投资。在计算资产时,我们还需要考虑退休金计划的当前价值。

| 我应该存下多少钱? | |
| --- | --- |
| 年龄(岁) | 储蓄相当于年薪的倍数 |
| 30 | 1x |
| 35 | 2x |
| 40 | 3x |
| 45 | 4x |
| 50 | 6x |
| 55 | 7x |
| 60 | 8x |

资料来源:富达。

### 如何计算净资产？

个人或家庭的净资产，就是他们资产总值减去债务总值。例如，某人拥有价值45万美元的房子和5万美元的个人退休金账户（因此总资产为50万美元），还有27.5万美元的抵押贷款和2.5万美元的消费债务（因此总债务为30万美元），他的净资产为20万美元(50万美元—30万美元)。

**美国家庭净资产的中位数和平均数**

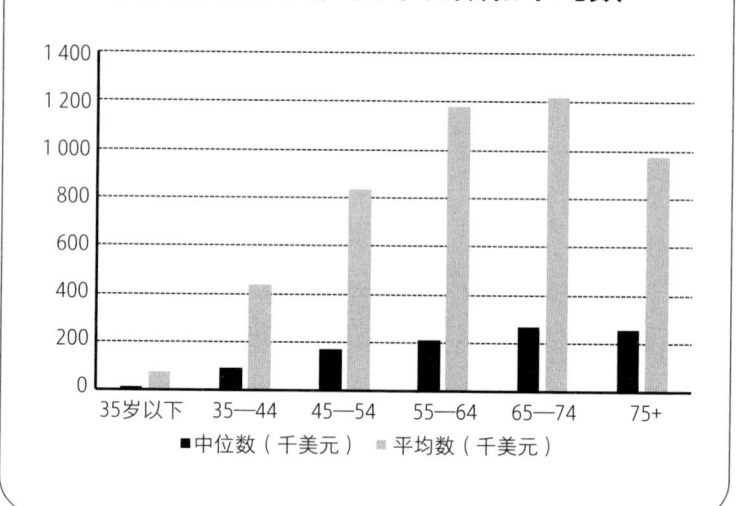

| 年龄段 | 中位数（千美元） | 平均数（千美元） |
| --- | --- | --- |
| 35岁以下 | ~10 | ~70 |
| 35—44 | ~80 | ~430 |
| 45—54 | ~160 | ~820 |
| 55—64 | ~200 | ~1160 |
| 65—74 | ~250 | ~1200 |
| 75+ | ~230 | ~950 |

## 股票

那位朋友应该告诉我,一个平衡的投资组合至少有两部分:股票和债券。

股票代表公司的所有权益,购买股票的投资者拥有该公司的一部分。事实上,公司利润增加的一部分归他们所有。

股票价值反映公司的财务状况,由于投资者关心未来,因此股价还包含公司未来的盈利潜力。

---

### 1602 年以来的市场

股市通常与现代经济联系在一起,但在塑料、晶体管和电力被发明之前的几个世纪,股市就开始运作了。

世界上第一个人们可以买卖股票的市场,于 17 世纪初在阿姆斯特丹成立。第一家按照这些标准运作的企业是荷兰东印度公司,在此后近 200 年的时间里,它成为世界上最强大的贸易公司之一。

当时,亚洲和欧洲之间的航运利润丰厚,但风险很大。

> 船只安全返航就能带来利润，但由于风暴、疾病和海盗，许多船只未能返航。人们希望成立股份公司，将这种航行的风险和利润分摊到几个股东身上。
>
> 德克·范·奥斯是当时阿姆斯特丹最富有的商人之一，他于1602年8月参与创立荷兰东印度公司。公司成立后一个月，有1 143人成为股东。当时，投资者直接到范·奥斯家买卖该公司股票，他家位于一条狭窄的街道，那里现在是阿姆斯特丹的红灯区。之后，交易在全新的阿姆斯特丹证券交易所大楼进行。交易所于1611年开业，是第一家现代证券交易所，日交易量巨大且投机自由。

买入的股票可以在同一天卖出，这就是当日交易。有与之配套的书籍、课程和培训班，即一个完整的在线生态系统，教人们如何通过当日交易赚钱。你可能就有一个邻居或侄子发誓要通过这种方式发财。

不幸的是，研究发现，当日交易比在赌场玩轮盘赌的风险更大。[33] 我认为，投资者应该不惜一切代价避免当日交易。

除了当日交易，许多人买股票是为了持有几个月，然后卖出。

但是，这样频繁的交易会增加回报吗？

相反，它们会减少回报。多项研究表明，交易频率与回报呈负相关。一项对 6.5 万多名美国投资者的分析显示，那些在市场上非常活跃的人，其获得的回报是不太活跃的人的一半。[34]

正如一句谚语所说，我们的投资组合就像肥皂：接触越多，它就越小。

在股市获得最大回报的最佳方法是让股票为我们工作几年，最好是几十年。

历史上，北美和欧洲股市每个十年中差不多有七年上涨。没错，十年中有三年股东会亏钱。但是，长期来看，他们的胜算很大。

然而，在几周、几个月甚至几年内，市场走向无法预测。纽约证券交易所会一年上涨 22%，下一年下跌 9%，再下一年上涨 14%，以此类推。

## 股市会一直上涨吗？

不一定。但是，如果要预计市场会陷入永久崩溃状态，就相当于在说星巴克卖咖啡不再盈利，苹果再也卖不出其

> 手机,没人使用微软的产品,没人通过谷歌打广告,或者没人开丰田汽车……这几乎意味着我们眼里的世界末日。
>
> 如果发生这种情况,我们的首要任务应该是专注于生存,比如收集柴火取暖,而不是担心投资组合……

为了解释经济和股市之间的关系,投资家拉尔夫·万格创造了"主人和拴在狗绳上的狗"的比喻。

故事是这样的:假设股市像一条非常兴奋的狗,这只狗被拴在长长的狗绳的一头,主人牵着狗绳,狗随意向四面八方嗅来嗅去。

假设在这个例子中,狗主人代表经济,他正在纽约市步行,从哥伦布圆环出发,穿过中央公园,到达大都会博物馆。从上一秒到下一秒,狗可能会向右或向左转,它的运动不可能被精确预测。

然而,长远来看,狗的运动方向并不神秘,即和主人一样,这只狗正以大约每小时 3 英里①的速度向东北方向移动。

万格总结道:"令人惊讶的是,几乎所有跟踪市场的人

---

① 1 英里 ≈ 1.61 千米。——编者注

都在关注狗,而不是狗主人。"[35]

> ### 投资首付款?
>
> 把打算用来付买房首付的钱投资到股市,这是不是好主意?你如果认为自己需要在五年或更短时间内用到这笔钱,就不应该投资。因为在市场恐慌期间或之后,投资价值会下降,而你要冒着亏损的风险取出这笔钱。在这么短的期限内,你最好把钱放在安全的地方,比如高利率的储蓄账户。

## 债券

由于人们对股市波动的容忍度有限,一个平衡的投资组合至少还包括另一种资产:债券。

购买债券就像把钱借给别人,借款方是政府或企业,对方承诺在未来还钱并支付利息。

在这个领域,借款方的品质很重要。人们认为最安全的债券是美国等发达国家政府发行的债券。它们之所以被认为安全，是因为与企业不同，政府有权征税，因此可以筹集运转所需的资金。

  债券产生固定收益，以现金利息的形式支付给债券持有人。由于债券价格受利率变化影响，最稳定的债券是那些期限最短的债券，如到期时间为 1 至 5 年的债券。

  政府债券由政府担保，风险较小，其提供的回报也因此低于股票。所以，许多投资者认为债券毫无用处，不会让我们变得富有。

  但持有债券可以使我们的股票平稳运行，这是债券最大的好处。

  在股市大幅下跌期间，"无趣"的债券比股票波动的可能性更小，就像锚稳定我们的船一样，债券可以帮助我们保持冷静。在通货紧缩时期，它们也能保值并保护我们的资产。通货紧缩是指商品价格下跌，20 世纪发生过几次。

  俗话说："买股票是为了吃得好，买债券是为了睡得好。"

## 罗斯个人退休金账户值得尊重

  对一些人来说，指甲划过黑板的声音会让他们颤抖。另一些人则受不了牙医钻牙的声音。而我最无法忍受的是听到有人说:"我打算开通罗斯个人退休金账户,但一直没时间。"

不,不!罗斯个人退休金账户应该是头等大事,与呼吸和刷牙同样重要。它是我们的个人避税天堂,我们应该尊重它。

联邦政府不是每天都允许我们投资 6500 美元(如果你是 50 岁及以上,则为 7500 美元,但政府对高收入者有一些限制)并对由此产生的收益给予全面、永久的税收减免的(前提是我们在 59.5 岁之后取出这笔钱)。

一旦把钱存入罗斯个人退休金账户,如何投资就取决于我们自己。我们可以用它买股票、债券、ETF……

在 59.5 岁以后取出的钱不会算作我们的收入,因此不会被征税(如果在此之前取出,政府除了对这笔钱征收常规所得税,还有 10% 的附加税)。

如果一个 20 岁的人每天往罗斯个人退休金账户里存 5

美元，把这笔钱投资到美国股市并获得历史平均回报率，到 60 岁时，他将获得近 150 万美元的免税收入。这一切只需要每天 5 美元！诚然，很少有人这样投资，但本书的目的是让更多人这样做。

许多国家都有类似的税收优惠账户。在加拿大，它被称为免税储蓄账户（TFSA），而英国有股票和股份个人储蓄账户（ISA）。这些账户更加灵活，因为投资者可以选择随时取出投资，且无须支付罚款。

## 股票和债券

如何配置股票和债券资产？

面对不可避免的风暴，创建股票和债券投资组合的一个好方法是，评估你对投资价值下跌的容忍度。

这种做法并不完美，因为想象下降幅度和亲身经历资金减少有很大的区别。50 万美元的投资组合缩水 20%，这听着似乎可以忍受，但亲眼看到投资组合的价值缩水 10 万美元，这可能会令人惊恐。其实它们是一回事，股市大幅下跌也可能表示经济陷入危机,我们的工作也会面临风险。

恐怕没有什么比眼看投资和薪水同时消失更让人紧张了!(不过并不是一切都会荡然无存。在1882年的股灾中,看到自己在巴黎证券交易所的可观收入消失后,一位叫保罗·高更的股票经纪人辞职去追求新爱好——绘画。)

在下表中,我展示了如何通过在投资组合中加入债券来降低资产波动性。

| 债券配置与投资组合波动 | |
|---|---|
| 为了获得更丰厚的长期回报,我可以接受投资组合__的下跌 | 投资组合中的债券比例 |
| 40% | 10% |
| 35% | 20% |
| 30% | 30% |
| 25% | 40% |
| 20% | 50% |
| 15% | 60% |

在《长赢投资》一书中[36],先锋领航创始人约翰·博格建议投资者可以首先考虑50%股票和50%债券的投资组合。然后,投资者可以将这一比例调整为80%股票和20%债券,

或 80% 债券和 20% 股票，这取决于投资者是越来越适应市场波动，还是更希望优先保证稳定性。

具体来说，约翰·博格建议年轻投资者的股票/债券比为 80/20，处于职业生涯中期的投资者的股票/债券比为 70/30，低龄退休人员的分配比例为 60/40，高龄退休人员则为 50/50。

此外，拥有雇主出资的养老金计划的投资者，必须将这项资产纳入对可接受风险的计算。确保自己将来能从该计划中领钱以消除未来收入的一些不确定性，这份养老金的作用很像平衡型投资组合中的债券。投资者可能会因此选择波动更大的投资组合，即配置更高比例的股票。

如果你正为选择投资组合中股票/债券的比例而烦恼，别担心，约翰·博格在去世前还拥有约 8 000 万美元的净资产，他也在这个问题上进退两难。

"我的所有投资组合中，指数化股票和债券的比例约为 50/50，"去世前一年，88 岁的博格写道，"我对这种分配感到满意。但我承认，有一半时间，我担心自己在股权上的投资太多，而另一半时间，我担心在股权上的投资不够……归根结底，我们都只是人，在无知的迷雾中操作，依靠环境和常识来建立适当的资产配置。"[37]

## 即使负债，我也可以投资吗？

这取决于债务类型及其利率。拥有适量抵押贷款债务（不超过税前家庭年收入的 2.5 倍）不应阻碍我们投资。但是，有信用卡债务的人应该在投资前还清，因为这些人不仅没有赚钱，还在支付利息，赚钱的是信用卡发卡机构。

## 如果我有退休金计划，还需要投资吗？

许多拥有稳健退休金计划的人，如公务人员，可能会想知道，除了自动从工资中扣除的钱，是否有必要进行储蓄和投资。这个问题的答案是肯定的，原因如下。

我们都认识想在 60 岁（或 55 岁、50 岁……）辞职的人，但他们做不到，因为他们受到退休金计划的制约。有这种经历的人往往对自己的命运不太满意。

> 但如果我们多年以来坚持把工资的一部分存下并投资，并且投资回报尚可，我们就有可能获得自由，辞职、做兼职、转行、提前退休等等都可以。从这个角度看，不储蓄和不投资不仅是错过致富之路，还会使得我们无法掌控自己的人生节奏。
>
> 有些人非常热爱工作，甚至不想退休。"没问题！"投资家彼得·阿德尼、热门博主钱胡子先生说，"但无论如何要在经济上独立，这样你就可以纯粹为乐趣而工作，拥有更好的工作氛围（例如，不必参加没完没了的会议）并全身心地投入你喜欢的工作。"

  我比博格去世时年轻43岁，所以我能承受一些股市波动。我试图按照75%股票和25%债券的公式来管理家庭资产。我想确保长期增长的可能性，同时确保投资组合在经历市场低迷时保留一些价值。
  这样做既不精确，也不完美。但重要的是找到让自己满意的分配方式。

## 地图和领土

熟悉本书迄今提到的内容对学习如何成功投资很重要。但了解这些信息无法自动让我们成为优秀的投资者，就像了解地图不能让我们成为冒险家一样。

问题在于，一旦涉及自己的金融投资，我们的情绪就会失控。这使我对投资产生了更浓厚的兴趣，也促使我写下这本书。

当谈论投资时，我们认为自己在谈钱。实际上，我们谈论的是怀疑、希望、快乐、遗憾、恐惧、别人的意见、安全感、自我……因此这个话题总是如此吸引人。

影响我们未来投资回报最重要的因素无疑是我们自身的行为，这也是接下来几章的主题，我会从一个看似不寻常的问题开始：为什么医生的投资会如此糟糕？

第五章

# 时速 130 英里

Driving at 130 mph on the Highway

简单可能比复杂更难做到。你必须努力清理思维,然后不断将它简化。

——史蒂夫·乔布斯,苹果公司联合创始人

如果我让你说出一些能致富的职业,你很可能会立即回答"医生"。

众所周知,全科医生收入可观,专科医生更是如此。

但我要告诉你一个秘密:许多医生并不富有。

他们没能发财,因为他们不是优秀的投资者。

---

如果你想知道自己未来财务状况的最大威胁是什么,回家照照镜子吧。

——乔纳森·克莱门茨,财经作家

美国、英国、加拿大和澳大利亚的医生通常期望在60岁左右退休，但他们的实际平均退休年龄接近69岁。[38]

最近的一项研究指出，除了其他担忧，"经济责任"是他们持续工作的部分原因。"医疗行业从业人员的个人退休储蓄很重要，因为大多数医生都是个体经营，他们可靠的退休收入来源比其他行业从业者更少，比如企业养老金。"[39]

我的一位医生朋友离婚后陷入财务困境，她曾经告诉我，她懂得如何投资。"如果我真的需要钱，"她说，"我会买生物科技公司的股票。我就是干这一行的，所以投资会很简单。"

我试着向她解释，投机生物科技股算不上好的投资计划，但无济于事。她礼貌地听着，但我远没能说服她。

财经作家、美国前证券交易员丹·索林在其职业生涯中研究过数千个投资组合。他写道："我见过最糟糕的组合由牙医等医生持有。"

为什么？丹·索林指出，这些专业人士凭借本职工作赚了很多钱，这使他们相信，他们可以选对经理人，对方能让自己的储蓄翻倍，并为自己的退休生活提供资金。[40]

生活优越的人往往把金融市场看作认可和奖励投资者自身优势的工具。拿破仑说过："人如数字，只有依靠位置才能获得价值。"身居高位会带来各种特权，但成为优秀投资者并不是其中之一。

事实上，聪明绝顶的人往往是糟糕的投资者。财经记者埃莉诺·莱斯对这一现象进行了研究，她花了 15 年时间追踪门萨组织投资集团的股市回报。门萨成员的智商在 132 及以上，高于世界上 98% 的人。

门萨的聪明投资者按要求选择优异的投资项目，他们的投资每年获得 2.5% 的回报，而标普 500 指数在研究期间每年的回报是 15.3%。[41]

美国亿万富翁、投资家查理·芒格这样总结道："人们有一种理论，任何聪明、勤奋的人都可以成为伟大的投资家。但我认为，聪明的人确实可以避开某些明显的陷阱，并成为优秀的投资者。但我不认为每个聪明人都能成为伟大的投资家或棋手。"[42]

## 一夜暴富

有时投资者确实表现出色，这时他们会看到资金在投资账户中迅速积累。

因此，我想把这一章献给最杰出的投资者。他们选择"跑赢"市场的股票，成功地将 1.5 万美元变成 4.5 万美元，或将 15 万美元变成 45 万美元，而且他们没有等到头发变白才成功。

谢谢你能读到这里，因为一本书不可能每一页都有趣。

假如你是这样的投资者，而且你还没评估过投资组合的表现，那么我建议你这样做。

我使用免费的可视化投资组合网站来评估。在"回测投资组合"部分，你可以输入持有股票的公司名称，选择开始日期，然后将个人表现与基准进行比较。

我的一些朋友选择买入个股，并认为自己的表现能超过市场。但在评估投资回报时，他们惊讶地发现自己可以在短期内跑赢市场，但自己的长期回报却远落后于市场。他们在心里对自己的妙招打出了过高的分数，并淡化了一般和糟糕的表现。

这种做法凸显了股市投资的一个重要真理：成功不是以年来衡量的，而是按十年来评估的。

大多数人都希望看到自己的投资立即增值。如果能在短期内战胜市场，人们就会断定自己是"对的"。

但真正的成功投资在几个月或几年里看不出端倪。

"为了实现长期财务目标，"财经作家、《华尔街日报》专栏作家杰森·茨威格写道，"你必须在整个投资生涯中都保持可靠的正确。"

杰森·茨威格以一名司机想去130英里外的城市为例。"如果我遵守每小时65英里的限速，我将用两小时开完这段距离。但是，如果以每小时130英里行驶，我可以在一小时内到达。假如我这样尝试并且没死，我就'正确'吗？你是否也会因为这种方法'有效'而试一下？"[43]

茨威格的意思是，以获得刺激的回报为目标投资有前景的公司或基金，这有点儿像玩杂耍，只不过投资者抛接的是一袋袋黄金和转动的电锯。拿到一袋金子时，你会感到无比满足。但稍微动动脑子就能明白，或早或晚，你很可能手里会接住电锯转动的刀刃。

## 绝对可靠的方法

本杰明·格雷厄姆是20世纪最伟大的投资家之一。他著有《聪明的投资者》，这本书于1949年出版，至今仍很受欢迎，被认为是投资界的《圣经》。格雷厄姆是纽约哥伦比亚大学的教授，他最聪明的学生之一是一个叫沃伦·巴菲特的年轻人。

本杰明·格雷厄姆推广的投资方法是"雪茄烟蒂"投资，即购买那些过时、没有前景、市场失去兴趣的公司的股票。

在格雷厄姆看来，这些股票的价格很划算。他的策略是以极低的价格买入股票，享受一点儿增长，然后卖出。这种投资就像在人行道上捡雪茄烟蒂，有些烟蒂很脏又不起眼，但还可以吸上一两口。

沃伦·巴菲特早期成功使用过"雪茄烟蒂"的投资方法，但这种方式很快就过时了。针对上市公司的分析工具得到改进，这使企业的真实情况更有可能反映在股价上，于是投资者不再使用这种方法。

从那以后，出现了数百种其他投资策略。

其中之一是投资 IPO（首次公开募股），IPO 指前景光明的年轻公司股票首次上市交易。IPO 也意味着公司创始人有机会为自身的努力获得数百万美元的回报。

不幸的是，这种刺激很少转化为对投资者有吸引力的收益。

美国理财规划师协会对这一投资策略的研究显示，从长期来看，IPO 公司每年的表现比股市低 2% 至 3%。[44]

该研究报告的作者大卫·朱克曼写道："购买 IPO 更像是买彩票，而不是投资有把握的对象。如果你的目标是跑赢整体股市基准，那么大多数 IPO 会对你不利，而不是有利。"[45]

还有一些投资方法看起来可能很强大，如技术分析，它可以通过解读股票的一系列指标来预测其发展方向，并帮助投资者从中获利。

研究人员对美国、英国、德国和意大利股市数据进行研究发现，使用技术分析这一方法的投资总体收益低于随机选择的股票组合。[46]

我们得到的教训是，希望借助某种绝对可靠的选股方法选出"跑赢市场"的股票，这样的想法很危险。没有一种筛选方法绝对正确或永远有效。

无论如何，成功投资并不需要非常聪明，它需要正确的行为，其中之一就是保持耐心。

## 高回报的诱惑

说到让投资平静地运行，我发现身边投资者的行为往往不可预测。

我的一些亲友会创建指数 ETF 投资组合，定期把积蓄投进去，仅此而已。当巨大的市场风暴来临时，我问他们会如何应对。"我什么也不做，"他们说，"我知道市场在下跌，但我不关注。"

还有更难预测的情形。我的一个朋友有一个均衡指数 ETF 投资组合，他无法忍受自己账户价值的波动，而苹果或特斯拉等股票却大幅上涨。

每次我联系他，他都会告诉我他对投资组合做出了什么新决定。起初，他把组合转给一位朋友推荐的高收费的投资经理。由于对结果不满意，他后来转移了账户，这一次转给了另一位专业人士，对方有着更辉煌的业绩，与高净值客户打交道，其中一些客户非常有名。然后，他的注意力被一位"聪明的、笛卡儿式的"朋友吸引，这位朋友正在开发投资算法，"能够带来每月10%的回报"。这些算法直到今天都没有实现。

我的朋友最终会停止折腾他的投资吗？无论我如何运用逻辑、论证和统计数据劝说他，新的妙招都会出现并重新点燃他快速致富的希望。

就同样的话题，我和另一个熟人进行过一次艰难的讨论。

此人将近50岁，没有退休金计划，也没有房产，工作以来只存了3万美元。他的目标是让这笔钱增加，以实现财务独立，并尽早停止工作。

"我明白指数ETF和长期投资的好处，"他告诉我，"但我的目标是获得高额回报。在我这个年纪，以我的资产水平，我没有时间可以浪费。我不希望自己的投资每年增长1500美元，我想让它增长三倍。我知道，90%的投资者都无法跑赢股市。但我的目标是通过努力成为成功的10%的投资者之一。"

此人投资低价股（高度投机的公司股票，市场交易价格为5美元或更低），购买部分迷幻药公司的股票，如LSD、氯胺酮和神奇蘑菇，并投资其他高波动的边缘行业。

这位投资者三年前就开始投资股市。在计算自己的好坏操作后，他赔了钱，还承受着极大的压力。同一时期，指数ETF的多元化投资组合价值上涨了30%。

我很同情这位投资者。每天关注股市、阅读不同博客并认真对待投资，这感觉有点儿像站在人行道上透过酒吧窗户观看一场大型派对。里面的人很漂亮，手里拿着酒，一切似乎都很美好。站在人行道的我们也想加入庆祝活动，尤其派对近在咫尺，几乎触手可及。

然而，在决定进去时我们意识到，自己不是在酒吧窗前，而是在麦迪逊广场花园的冰球场前。突然间，漂亮的顾客变成29岁的大个子防守队员，他们全速向我们滑过来，想要把球夺走。

在经历三年的亏损后，我那烦恼的投资者朋友开始明白这一点，但他想继续尝试。

"你在追逐海市蜃楼，"我说，"你的目标是致富，但你的行为却在千方百计阻止你致富。"

开始投资的时间较晚时，我们的误区是试图追求爆炸性回报，以此来弥补我们没有投资的岁月。这种回报无法持续和可预测地实现，而且伴随着遭受灾难性损失的高风险。

在四五十岁开始投资的人看似处于不利地位，但他们也有一些优势。

这个年龄的人通常比 20 多岁时赚得多，所以有可能存下了更多的钱，也可能在此时继承遗产（美国中产阶级的平均遗产超过 10 万美元），这会增加他们的资产基础。

别忘了，我们的投资生涯不会在 65 岁时就结束。50 岁的人还可以在市场上投资 40 年，甚至更长时间。

在交流中，我建议那位烦恼的投资者停止投机，增加储蓄。只要他以多元化的方式投资，这笔钱就可以为他的余生服务，这种投资方式同时可以减少他对个人财务管理方式后悔的风险。

他确实有在听我说话，但我可以看出来，高回报的诱惑占据了他的全部大脑。谈话结束时，我只能祝他好运。

## 最佳实践

前面提到的投资者的行为远非个例。即使是熟悉股市历史的投资者，那些已经理解并运用本书理念的人，久而久之也可能偏离投资原则。

个人理财博主文森特·莫林曾解释，当他清楚地知道自己的指数 ETF 投资组合更有可能带来良好的长期回报时，他依然转向了选股式投资。

他写道:"我放弃(指数 ETF)有几个原因,其中之一是,投资成长型或波动性股票更'有趣'(多么糟糕的理由!)。"[47]

这样投资给他带来过几次快速盈利,但他也遭受了几次亏损,"其中一次损失非常大"。那次打击使他恢复了原来的投资策略。"我们在错误中学习,希望这些错误不会造成太大损失。"他说。[48]

这位投资者的自我分析能力令人印象深刻。许多投资者不会去计算,如果采用最佳投资实践,而不是试图打败市场,自己的资产会如何表现。

财经作家、投资家安德鲁·哈勒姆是《财务自由笔记》[49]一书的作者,他几年前就意识到这一点,并决定卖掉价值超过100万美元的全部投资组合,换成指数 ETF 投资组合。

在经过仔细(有人会说是疯狂的)分析之后,安德鲁建立了最初的股票投资组合,他比许多职业投资经理分析得还要透彻。

"如果我对某家公司感兴趣,"安德鲁写道,"我会订购这家公司十年的年度报告,然后逐字阅读,从后面真正有趣的内容(诉讼、欠税等)开始。股息增加、销售增长、净收入水平等数据……这些只是起点。我花很长时间才做出买股票的决定,而且通常是在没人想要时买入股票。"[50]

> ### 股息是白送的钱吗？
>
> 股息是公司利润的一部分，在每个季度末返还给股东。我们可能会认为它是"白送的钱"，因为股息派发给我们时，是以现金形式出现在投资账户中的。
>
> 一些投资者似乎痴迷于股息，将其视为一种无须出售投资就能赚取收入的便捷方式。但股息不会从天上掉下来。一家公司选择将其部分利润支付给投资者，是放弃使用这笔钱能获得的益处，比如用这笔钱升级设备或开发新产品。为了取悦股东而派发股息的公司可能会被竞争对手超越，后者将利用利润提高出价，其股票市值会上升，进一步反映其光明的前景。此外，支付股息之后，公司的股票市值往往会减少相当于股息的金额。[51] 从长期来看，没有证据表明支付股息的公司比不支付的公司能为投资者带来更高回报。

几年来，安德鲁的投资组合增长一直快于股市指数，但他的结论是自己总体上非常幸运。

"我的自尊心让我保留股票,但我的头脑让我卖掉这些股票,去投资总体股市指数。"

经过多年思考和犹豫,安德鲁决定出售股票(当时他住在新加坡,该国不征收资本利得税,所以执行卖出操作不那么痛苦)。

他说:"最终决定这样做后,我知道自己必须尽快完成操作。有一个星期,我都觉得很空虚。"

他决定采取行动的原因是,他计算了如果继续在投资组合中持有企业个股自己会少赚多少钱。在接下来的20年里,如果他的股票每年表现都比股市指数差1%,"自尊心"就会让他损失40万美元,这是他20年来投资回报每年减少1%的累计差额。

有人说,他本可以一年跑赢市场1%,多赚40万美元。对于这样说的人,安德鲁回复说,世界上最伟大的投资经理愿意卖掉双臂来获得那样的回报。"概率不大。"他说。

## 资本利得税的幻想

出售已经增值的股票并获得回报时,我们要交税吗?

我们缴纳的税额取决于持有投资的账户类型。例如,对于那些为退休储蓄的人来说，个人退休金账户 (IRA) 是最受欢迎的选择，只有当我们从账户中取钱时才需要缴税，前提是我们在 59.5 岁之后取钱。提取的款项全部加入我们当年的收入。在罗斯个人退休金账户中，选择从账户中取钱时，我们不需要缴税，前提也是在 59.5 岁之后取钱。

如果我们出售在普通投资账户中持有的投资以获得利润，会怎么样呢？关于这种账户有一个神话：如果我们敢从投资中赚取哪怕一美元利润（被称为资本利得），政府都会把我们生吞活剥。实际上，只要我们有耐心，投资通常都是免税的。

在美国，有两种资本利得税：短期和长期资本利得税。短期资本利得税率适用于一年内买卖的金融产品。在出售之后获得的任何资本收益都会直接算作我们当年的收入。

另外，长期资本利得税率适用于持有一年以上的投资。这些收益的税率可能是 0、15% 或 20%，这取决于我们当年的收入。

> 例如，某人以 1 000 美元购买一项投资，并持有一年以上，出售后获得 2 000 美元，他将实现 1 000 美元的资本收益。对于这笔收益，他将支付最高 20% 的联邦税，也就是 200 美元。该投资者将从 2 000 美元中得到 1 800 美元，这是在联邦层面。许多州也对资本利得征税，但税率往往低于对正常收入征收的税率。还有一些州，包括阿拉斯加、佛罗里达、新罕布什尔、内华达、南达科他、田纳西、得克萨斯、华盛顿和怀俄明，不征收资本利得税。

## 无限远见

在《无限的游戏》一书中，作者西蒙·斯涅克区分了人生的短期胜利和长期利益，后者来自长远的眼光，他称为"无限远见"。

斯涅克写道："尽管有诸多好处，但以无限的长远眼光行事并不容易，这需要巨大的付出。作为人类，我们天生倾向于寻求能立即解决棘手问题的方法，并优先考虑快速成功，以此推进自己的雄心壮志。我们往往从成功和失败、赢家和输家的角度看待世界，这种默认的输赢模式有时能在短期内奏效。然而，从长远来看，这会产生严重的后果。"[52]

同样，成功投资也需要有长远的眼光。投资没有终点线。没错，在几个月内增长 60% 令人兴奋。但是，除非你处在弥留之际，否则投资期限远不止几个月。

因此，当人们告诉我，他们几个月或几年里在市场上获得了惊人回报，或者刚靠一家小公司的股票上涨大赚一笔，我从不知道该说什么。

追求高效并不是坏事，只是，实现爆发式增长有点儿像马拉松刚跑 8 英里就设法取得领先。这真的是我们想要的吗？如果我们在比赛中途溃败，作为投资者的收益记录将会很糟糕。

为了快速致富、追求更高收益，我们忽视了一个关键的真理，即使最有经验的投资者也经常误解它：获得"平均"回报（指达到市场平均水平）不会使我们成为普通投资者。假如平均回报保持多年，我们将成为重量级投资冠军。

乍一看，这个说法毫无道理。如果我们的投资价值前一年上涨 18%，第二年下跌 5%，后年又上涨 9%，看起来这笔投资似乎驻足不前。

没错……至少在短期内是这样。

但经过 10 年或 15 年投资，非同寻常的事就会开始发生。

## 第五章 时速 130 英里

我们的投资价值以"平均"速度增长，现在每年波动数万美元，然后是每月，接着每周、每天都会波动数万美元。市场波动并不比以前大，但复利效应开始显现。

复利就是利息所产生的利息，由此产生的增长不是线性的，而是指数的。我们从投资中获得的利息积累利息，后者继续积累利息……

我们发现自己就像让·德·弗罗莱特，他是马塞尔·帕尼奥尔所著同名经典法国小说中的主人公。让·德·弗罗莱特是一位城市居民，继承了普罗旺斯一座村庄中的房产，想办一个养兔场。

他的邻居乌戈林解释说："如果你刚开始有两只兔子，六个月后，你就会有一千多只。如果你放任不管，这些兔子会造成毁灭性的后果，它们就是这样吃掉澳大利亚的。"

我们希望自己的钱变得像《让·德·弗罗莱特》中的兔子一样。但六个月不够，我们需要多年时间才能看到自己的兔子逐渐吃掉澳大利亚——1859 年，人们为打猎引进 13 只兔子，目前已经增长到 2 亿多只（顺便说一下，"利息"这个词在希腊语中是"后代"的意思，表示随着时间的推移不断繁衍而数量增加的牲畜）。

## 本杰明·富兰克林：复利比赛中的奥运健将

本杰明·富兰克林是复利最伟大的实践者之一。白手起家的富兰克林成为政治家、科学家，他也是美国宪法的缔造者之一。他这样解释复利："钱生钱，钱生的钱也能生钱。"

本杰明·富兰克林没有让自己的钱增值 50 年、60 年甚至 70 年，而是 200 年。这是因为，在临终前，富兰克林要求遗嘱执行人用 1 000 英镑（大约相当于今天的 20 万美元）投资一个投资基金，这笔投资用于帮助波士顿和费城的年轻技术工人。[53] 富兰克林希望将这些投资分两期变现，分别在他去世后 100 年和 200 年。第一批投资于 1890 年出售，资金用于资助创建本杰明·富兰克林理工学院（BFIT），这是一所位于波士顿的技术学校，现在有 500 多名学生就读。1990 年，剩余的投资在当时价值 650 万美元，这些钱被捐给了富兰克林博物馆，[54] 这是费城的一家科学博物馆。这个巧妙的计划告诉我们，钱生的钱确实能生钱。

下面是初始投资的 1 万美元以每年 10% 的速度增长的效果。每行都包含赚取额外 1 万美元所需的年数，这与我们的起始金额相同（为了便于阅读，金额四舍五入）：

1 万美元 ×1.1×1.1×1.1×1.1×1.1×1.1×1.1≈2 万美元（7 年）

2 万美元 ×1.1×1.1×1.1×1.1≈3 万美元（4 年）

3 万美元 ×1.1×1.1×1.1≈4 万美元（3 年）

4 万美元 ×1.1×1.1≈5 万美元（2 年）

根据这个例子，用 1 万美元投资组合的收益积累 1 万美元的增长需要 7 年。但是，当投资组合价值 4 万美元，积累同样的增长只需要两年多。总的来说，在初始投资的 16 年后，我们的资产从一开始的 1 万美元增加到 5 万美元，总回报率为 400%。

作为投资者，我们的主要任务是，永远不要忽视，让我们致富的是长久的复利，而不是在少数几年里做出正确的投资选择并幻想获得巨大收益。

复利需要时间来展现其独特的力量，它不应该在这个过程中被打断。打断的原因仅仅是我们想投资一家小型生物技术公司，对方也许会给我们带来短期刺激的上涨，或者因为市场下跌导致我们出售投资。

关于这个问题，我最喜欢资产管理公司富达开展的一项研究。

据报道，该公司的高管想知道，他们的数百万客户哪些在投资增长方面获得了最佳长期回报。

研究结果是：获得最高回报的客户是那些忘记自己在富达有账户的人。[55]

复利是我们作为投资者成功的基础。如果不尽快开始让投资尽可能长时间地发挥作用，我们应该感到害怕才对。

我不是说我们在生活中应该一分钱不花，也不是说我们只有老了才会富有。我认为，人在一生中，必须在消费、储蓄与投资之间取得平衡。我也认为，对我们大多数人来说，这种平衡尚未实现。我们社会的所有注意力都集中在消费上，很少关注储蓄和投资。

了解复利如何运作是纠正这种不平衡的一种方法。

谈到财富，我们认为的捷径往往是海市蜃楼。我们越早意识到这一点，就能越早加入真正脱颖而出的投资者群体——那些不着急的人。

无论有多么大的天赋或努力，有些事情就是需要时间。

### 你能在18岁之前投资吗？

为了使复利效应最大化，尽早开始投资是有益的，最好是在儿童或青少年时期。父母可以开通监护账户，帮助孩子成为投资者。许多在线券商提供此类账户，包括嘉信理财、亿创证券和富达等。在监护账户中，所有资产都以子女的名义持有，当子女达到法定年龄，父母必须将账户移交给对方。法定年龄通常是 18 岁，最高 25 岁，这取决于所辖州。

## 赢得投资

复利的力量之所以如此反直觉，是因为我们很少将时间视为盟友。

随着时间的推移，我们周围的一切似乎都会退化和失去价值。几年前买的顶尖计算机开始变慢，房子需要昂贵的维护才能继续经受风雨，甚至身体也会老化。在投资方面，情况正好相反。投资是少数几个时间站在我们这一边的领域之一。

在我的印象中，时间的重要性在投资中经常被忽视。在这个行业，短期为王。如今，投资者都在寻求有惊人回报的股票——事实上，他们希望最好是自己已经找到这样的股票。

颇具讽刺意味的是，几乎所有投资者在刚开始投资时，都是购买他们希望会在股市中上涨的股票，这就像是投资的必经之路。

最初，投资经理伊恩·加斯孔就是这样对股市产生兴趣的。决定买第一只股票时，他还在上高中。

"能够让钱为自己工作的想法让我着迷，"他说，"我在一家折扣券商开通账户，和其他人一样，我也犯过错误。我有点儿天真……虽然我在买股票，但其实我不知道自己在做什么。"

高中时，加斯孔参加过一次模拟股市比赛，比赛内容包括管理虚拟投资组合。几年后，他赢得比赛大奖。"这让我十分着迷。"

伊恩·加斯孔拥有金融学硕士学位、管理学研究生文凭和工程学学士学位。他本可以在股市外寻求回报丰厚的工作，开创一番事业，但这不是他的选择。

相反，他现在为客户管理低成本的 ETF 投资组合。

他总结道："关键不是追求出色表现，而是持续投资。"

## "我是对的"

投资令人沮丧，因为我们总觉得自己可以做得更好。如果我们在市场低迷时投资，那么，当市场迅速上涨时，我们会为没有增加投资而失望。如果在我们投资之后市场下跌，我们会为运气不好而后悔，说应该再等等。

这种情绪普遍存在，作为投资者，我们需要认识到这点。我们永远可以做得更好，即使我们没错，即使获得了很好的回报，我们也永远可以做得更好。

投资几乎肯定会令人失望，至少在短期内是这样。

---

### 什么是机会成本？

机会成本是指由于决策而隐性放弃的经济收益。例如，当某人支付 10 万美元的公寓首付款时，他就隐性地放弃了将 10 万美元投资股市可能带来的回报。或者，某人持有大量现金，就等于放弃了将这笔钱用于投资产生的回报。

---

如果你已经投资多年，经过仔细而彻底的研究后购买了个股，你正阅读的内容恐怕不会让你开心。

我知道，对一些投资者来说，买卖股票令人兴奋。如果你是这种情况，我建议你拿出一小部分资产（5%或10%）进行个股交易。

如果能帮助你让你90%或95%的资产用于投资指数ETF，并且让这笔资产在指数ETF中持续增长几十年，这种方法就是有效的。

归根结底，投资建立在一个巨大的误解之上，财经作家杰森·茨威格指出："如果你认为投资很刺激，你就做错了。投资应该是机械、重复的过程，就像一家不需要人工投入的工厂。我们所做的任何改变几乎都是错的，但人们很难接受这一点。"[56]

如果你忍不住关注新闻，认为认真投资至少需要获取最新的经济数据、专家预测和市场趋势，那么下一章就是为你准备的。

第六章

# 关掉电视，关闭通知

*Turn Off the TV,*
**Switch Off**
*your*
**Notifications**

经济预测的唯一功能是让占星术显得体面。

——约翰·肯尼斯·加尔布雷斯，

经济学家、多任美国总统顾问

你参观过巴黎的卢浮宫博物馆吗？如果参观过，你估计已经细细欣赏过《蒙娜丽莎》了。

莱昂纳多·达·芬奇于1507年创作了这幅杰作。它是世界上最著名也最昂贵的画作。出于保险目的，它的估值接近10亿美元。《蒙娜丽莎》确实是大众的最爱。每年参观卢浮宫的1 000万游客有800万人是为了去那里端详画中女子神秘的微笑。

卢浮宫是世界上最大的艺术和文物博物馆，拥有超过3.5万件藏品，但《蒙娜丽莎》是大多数人最想看的一件藏品。

很少有人知道，《蒙娜丽莎》并非一直是卢浮宫之星。

它的人气源于一个多世纪前的一起盗窃案，这桩案件吸引了欧洲和世界其他地区的目光。

1911年8月20日晚，三个人闯入卢浮宫，藏在一个存放艺术家资料的壁橱里。

第二天早上，博物馆还没开门，他们就把《蒙娜丽莎》从挂钩上取下，从保护框中取出，然后盖上毯子，趁没人发现时离开了。

那天，警报没有响起，原因很简单，没有人注意到这幅画不见了。超过28个小时后，一位画家因为要完成博物馆内部画作的刻画，对《蒙娜丽莎》的缺失感到恼火，才发出抱怨。

《蒙娜丽莎》被盗成为世界各地的头条新闻。

"60名侦探寻找失窃的《蒙娜丽莎》。"《纽约时报》的头条这样写道。博物馆几天后重新开放，公众蜂拥而至，注视着曾经挂那幅画的墙上的一片空白。

《蒙娜丽莎》失踪了两年多。最后，三个小偷中一个叫文森佐·佩鲁贾的人把画交给艺术品经销商鉴定，之后在威尼斯被捕。原来，小偷很了解《蒙娜丽莎》，用来保护画作的玻璃罩画框就是他制做的。他被判处八个月监禁。[57]

毫无疑问，为了便于转售，窃贼盯上了一幅极具艺术价值却鲜为人知的画作。画作失窃一事在媒体上引起轰动，《蒙娜丽莎》一夜之间成为卢浮宫的中心展品。

《蒙娜丽莎》盗窃案的寓意是，一个好故事可以改变世界。

## 弊大于利

如果媒体标题可以创造《蒙娜丽莎》式的现象，想象一下，对想要增加财富的投资者的大脑，它们能产生什么影响。

几乎所有投资者都会关注新闻，目的是提高警惕、了解市场状况，并预测即将发生的情况。

然而，从投资的角度来看，打开报纸或电视更有可能使我们亏钱，而不是发财。

如果关注最新经济发展能让人富有，记者早就是百万富翁了。亲爱的读者，告诉你一个秘密：记者不是百万富翁！

没错，经济新闻很有趣，关于个人理财的文章也会影响我们的生活。

但作为投资者，了解波音的订单状况好于预期，网飞在过去三个月增加了 500 万欧盟新用户，或者苹果正努力在中国站稳脚跟，这对我们毫无用处。

喊声最大的人往往错得最离谱。例如，20 多年来，作为美国财经新闻频道 CNBC（美国消费者新闻与商业频道）的明星主播，吉姆·克莱默每天都会根据市场和经济状况推荐买入和卖出的股票。

他像是华尔街的缩影，人们会认为，以其专业知识和人脉，他能够成功超越标普 500 指数的表现。

事实是，他并没有打败市场。几年前的一项研究显示，在过去的 15 年里，吉姆·克莱默设立的一只基金回报率为 65%，而标普 500 指数的回报率为 70%。[58]

也就是说，克莱默投入全部精力、进行数千次分析、给高层人士打过无数电话后，他的投资者获得的财富不及他们直接购买追踪美国 500 家最大公司的指数 ETF。

一旦市场下跌，媒体就会进入灾难模式。然后，我们会被各种大字标题轰炸，如"华尔街大屠杀""市场的黑色一天""三个投资建议保护你的钱"。

在近 25 年的投资生涯中，作家兼投资家乔什·布朗经历过许多市场周期。他的建议是：投资者就应该关闭手机上所有新闻应用程序的通知。

他写道："新闻应用程序旨在将你从手机主界面吸引到它们的舆论环境中，这样就可以露出广告，也可以监测你的行为。对你来说，新闻不是重要的信息，而是把你从生活中勾出来、让你落入陷阱的诱饵。把它关掉。"[59]

他还补充说，那些担心自己的投资业绩会受到影响的人，正是最需要放下手机的人。

"你不会遇到经常根据头条新闻买卖而获利的投资者,一个都没有。这是不可能的,这样肯定会赔钱。任何还不知道这一点的人,当他们回顾自己的投资结果时,会意识到自己已经沦为笑柄,他们最终都会明白的。"[60]

关于这点,在我看来,最阴险的文章就是解释为什么某公司股票上涨或下跌的文章。

这些文章的标题诸如"美国银行股票今日下跌,原因如下",或"网飞股价暴跌的三个原因"。

这些文章的语气常常让我们以为,作者事先知道下跌会发生,而他们屈尊敲键盘向我们解释,这是一个小小的奇迹。这会使人们更加确信,预测下跌是有可能的。事实上,这些文章的作者并不知道股票走势,他们只是在当事后诸葛亮,以吸引投资者点击。

## 糟糕的预言

新闻媒体最反常的影响之一,出现在它们做出预测时。

新闻对市场的预测有点儿像我们呼吸的空气:它们存在,只是我们没有真正意识到。在报纸上,专家向我们保证,"市场涨得太多太快",并建议我们在下跌后投资。在新闻中,专栏作家表示，某些行业或公司"预计"会有出色表现，并建议我们进行相应投资。

这些人可能不会如此定义自己说的话，但他们所做的很简单：他们试图告诉我们未来会发生什么。而这就是一个预测或预言。

我如果知道短期内市场的走向，就不会浪费时间在电视上谈论，而会投资自己的每一分钱以获得最大回报。当然，萝卜青菜，各有所爱。

本杰明·格雷厄姆喜欢说，对市场未来的预测激增并不是因为越来越多的人具有预测未来的特殊本领，而是因为千百万投资者急于知道未来会发生什么。

"几乎所有对普通股感兴趣的人，都希望别人告诉自己市场会怎么走，"他写道，"既然有需求，那就必须有供应。"[61]

格雷厄姆对当时专家的预测并不买账，但那是几十年前的事了。人们认为自那时起，预测模型已经取得进步。依靠所有可用技术和数据，这些模型已变得更加完善。

不幸的是，未来一如既往地不可捉摸。

例如，几年前，先锋领航在分析报告中写道："对于未来几年，我们预测市场上涨态势充其量是适中。未来5年不太可能出现强劲的市场回报。"[62]

在这一预测做出三年后，标普500指数上涨超过70%。

## 第六章 关掉电视，关闭通知

啊呀！

与此同时，英国金融巨头巴克莱银行预计，标普 500 指数未来 12 个月将上涨 7%。实际上，该指数同期上涨 21%。

啊呀！

几年前，在多伦多的《国民邮报》上，商业专栏作家乔·奇德利在文章中称预测股市非常危险，尤其是以商业作家的身份去做预测。

奇德利写道："聪明的投资者所做的，是忘记可能发生什么，并通过分散投资、合理的资产配置以及耐心，为可能发生的情况做好准备。"[63]

虽然我很同意这几句话，但不幸的是，这位专栏作家并没有就此打住。

"但事实是，现实世界中真正的投资者不会这么做。让我们承认吧，在每个投资决定中，仍然有人们本能、直觉的成分，归根结底是赌博的成分，不管是好是坏。"他写道，他的预测"绝对不保证会发生"，以此两头押宝。

这位金融专栏作家随后告诉读者，"直觉"告诉他，美国股市涨得太多、太快了，漫长而痛苦的下跌可能在未来几年出现。奇德利最后说，与华尔街不同，多伦多证券交易所是来年投资的好地方。

三年后，美国股市上涨 100%，标普 500 指数的价值翻了一番。另外，在这篇专栏文章发表后的 12 个月里，加拿大股市的涨幅是美国股市的三分之一。

啊呀！

这些糟糕的预测不仅仅是人们茶余饭后的谈资。美国投资研究公司 CXO 咨询对 68 位专家在 8 年间发表的 6 584 次股市增长预测进行了分析，这些预测都曾刊登在美国主流报纸的财经版块。

分析显示，专家的正确率为 47%，比抛硬币的概率还低。[64]

---

每一位投资者都应坚持投资低成本的指数基金。

——沃伦·巴菲特

---

取笑糟糕的预测很容易，但不好笑的是，这些预测确实会影响我们的行为。

读到市场预测时，我们可能会忍不住根据专业人士的说法来调整自己的投资组合。毕竟，这些专家受过良好教育，收入也很高。他们很有权威，他们一定知道自己在说什么！

但历史告诉我们，事实并非如此。

在一次采访中，作家兼投资家安德鲁·哈勒姆告诉我，他成功投资股市 30 多年的关键原因之一是，他毫不理会金融专业人士的警告、经济学家的分析和看似会影响市场的重大事件。

"诀窍在于学会忽视市场，"哈勒姆告诉我，"从短期来看，股市就像可卡因，千万不要受它的影响。在大多数情况下，公司的收益会随着时间的推移而增长，这才是关键。重要的是投资的系统性。因此，成为优秀投资者需要非常自律。"

财经杂志《福布斯》创始人史蒂夫·福布斯曾说，金融专家知道，预测市场短期走向是不可能的，但他们一直在预测，只因为这是他们的工作。

他曾说："在我这行，出售建议比遵循建议赚的钱更多。这是杂志业赖以生存的条件之一，另一个条件是读者的短暂记忆。"[65]

## 选举投资

2011 年，在经济危机期间，民意调查公司盖洛普询问代表美国人口的 1 000 名成年人，问他们认为未来几年哪些投资增长最快。

受访者认为先是黄金（34%），其次是房地产（19%），然后是股票（17%）。

十年后，结果揭晓，而盖洛普的受访者显然是糟糕的投资者。如果在调查期间他们投资 1 万美元黄金，10 年后这笔投资仅值 10 300 美元。如果用同样的金额投资房地产，10 年后投资价值刚刚超过 23 000 美元。但如果用 1 万美元投资股票，这笔投资 10 年后价值 38 600 美元。

因此，越是不受公众欢迎的投资，其回报率越高。

事后看来，受访者的选择更多反映了当时人们的担忧，而不是市场的未来。当调查进行时，美国经济几近萧条，股市刚刚经历黑暗的几年。公众不想听到关于股市走势的消息，即使我们今天知道，当时的股票有巨大的潜力。

相信不受欢迎的投资将一直受冷落，而受欢迎的投资将始终热门，这是人类的本性。但市场对看似合理、正常或显而易见的事情不感兴趣。

## 请坚持投资

沃伦·巴菲特曾说，即使发生了战争或疫情等划时代的灾难性事件，我们也不应该停止投资。

在一封写给股东的信中，他讲述 11 岁的自己在 1942 年

## 第六章 关掉电视，关闭通知

3月11日，也就是日本偷袭珍珠港三个月后，购入了人生的第一批股票。

说得委婉点儿，这条消息在1942年令人不安。当时美国刚加入同盟国，战争并没有按计划进行。

巴菲特购买第一只股票的前三天，《纽约时报》头版的标题是"日军突破万隆防线"。第二天，报纸宣布："日军从两处入侵新几内亚，占领仰光，并向缅甸西部推进战线。"第三天的新闻是："敌军炮火逼近澳大利亚，据称爪哇有9.8万人投降。"

哦，没错，还有纽约证券交易所刚刚崩溃，抹去了自大萧条结束以来的所有收益。

虽然是在二战期间匆忙进入市场，巴菲特后来仍然获得了惊人回报。但如果他被当时的事件吓倒，恐怕就不会投资了。

有人说，我们生活的时代更加不确定，各国债务使经济增长更不稳定，严重的经济衰退或政治危机即将发生。

我的回答是，时代总是不确定的，暴力事件始终威胁世界和平，经济衰退和萧条的风险一直伴随着我们。

以下是过去十年发生的负面事件的简表：

· 俄罗斯与乌克兰发动大规模冲突，数千人丧生。

- 华盛顿特区的国会大厦发生严重暴乱。
- 新冠疫情造成数百万人死亡，并导致股市崩盘和全球经济衰退。
- 反叛武装袭击沙特阿拉伯的炼油厂。
- 美国宣布对中国发动贸易战。
- 朝鲜进行第六次核试验。
- 俄罗斯"干涉"美国总统选举。令所有人吃惊的是，唐纳德·特朗普当选美国总统。
- 欧盟拒绝希腊一再提出的经济援助请求。
- 欧洲央行实行负利率政策。
- 波士顿马拉松发生恐怖袭击，造成3人死亡、280人受伤。

我不知道你怎么想，但光是看这张列表就让我紧张。所有这些灾难成为人们谈话的中心和报纸的头版，但它们是否吓退了投资者呢？

没有。

尽管发生了这些悲剧和骇人事件，但在过去10年，1万美元的美国股市投资增至超过3.4万美元，年回报率超过13%。

每个十年都有危机、悲剧和不确定性，但这不应该妨碍我们投资。

## 在全球变暖的时代投资

全球变暖是一个前所未有的新问题,一些投资者可能会担心,由于这一威胁,未来的投资回报将令人失望。

未来几十年的几种变暖前景还在讨论中,目前还不清楚人类将如何应对全球变暖带来的风险。

总部位于英国的国际资产管理集团施罗德研究分析了未来30年气温升高和极端天气事件频发对金融市场的影响。

分析表明,经济受影响最大的国家可能是印度、新加坡和澳大利亚,其市场回报率可能低于没有变暖时的回报率。

其他国家可能会出现相反的结果。例如,与没有变暖时相比,加拿大、英国和瑞士在全球变暖时期的生产率和股市回报率都将提高。

研究人员克雷格·博瑟姆和艾琳·劳罗写道:"尽管研

> 究为这些国家描绘了未来 30 年的乐观前景，但更长期的前景是气温进一步上升，经济损失将更普遍。此外，该分析侧重于经济影响和市场回报，而不是全球变暖的许多其他负面影响。这绝对不是在气候变化问题上袖手旁观的理由。"[66]
>
> 跨国保险公司瑞士再保险公司的另一项研究也表明，南亚和东南亚的经济极易受到气候变化的不利影响，而北半球的发达经济体受到的影响则相对较小。[67] 如果气温上升导致了最坏的情况发生，到 21 世纪中叶，全球经济规模的增长将比没有受到变暖影响的预期缩小 18%。[68] 尽管如此，这个规模也会比今天大得多。地球上有 79 亿人，而根据联合国的数据，到 2050 年，全世界人口将达到 98 亿。
>
> 我认为，我们必须关注气候变化及其对地球的影响，并尽最大努力与之斗争。在这方面，我们可以轻易地从投资组合中剔除重污染企业。

就我们的投资而言，我认为这些担忧与长期投资并不矛盾。我们可以学会接受未来提供的回报，即使它们比过去低。

## 西方的没落

一些批评人士称西方的好日子已经结束，20世纪的增长无法在21世纪继续保持，中国将在未来主宰世界。

这种观点的问题在于，一个多世纪以来，每年都有人预测西方即将衰落。

1918年，德国学者奥斯瓦尔德·斯宾格勒出版了一本畅销书，书名就是《西方的没落》。只能说，投资者如果基于这个前提投资，恐怕不会有太好的投资回报。

我与财经作家兼投资家摩根·豪泽尔讨论过这个问题，他表示赞同。例如，中国将在21世纪继续崛起，但这并不意味着西方将陷入黑暗岁月。

他告诉我："如果问美国的大学生，毕业后他们更愿意住在美国还是中国，我打赌99%的人会选择美国，至少在美国他们没有语言障碍。就购买力而言，美国人在调整生活成本后仍比中国人富有五倍多。"[69]

中国的劳动年龄人口已经在减少，而美国的却在增长。

豪泽尔说，即使西方的经济增长将放慢，西方仍然是创新之地。

"苹果产品上写着'加州设计，中国组装'。如果让学生在制造业的这两个环节之间选择一个作为自己的职业，我想你已经知道答案了。"[70]

如果有人认为，一个国家必须不惜一切代价增加其政治和经济影响力，以实现财富增长和国民生活水平的提高，那么他应该看看英国。

大英帝国曾在几个世纪中是世界政治、经济和军事的主导力量，现在它的辉煌只存在于历史书中。然而，如果投资者在1984年向英国最大的一批公司投资1万美元（计入股息再投资），到2020年，这笔投资的价值将接近19万美元。

## 特别公告

研究表明，负面消息比正面消息对我们的影响更大：听到负面消息时，我们的心率会加快。

人类对负面新闻关注的倾向在金融市场里尤为明显。

我们都知道，当股市在一天内大幅下跌时，新闻网络就会增加特别公告。忧心忡忡的专家接连试图解释这种"股市恐慌"。他们谈起退休人员，说对方是"危机的大输家"。他们想知道实体经济是否会被"传染"，是否"衰退就在眼前"。

但当市场大幅上涨时，你见过特别公告吗？我们是否要采访同样的专家，问他们市场为什么会上涨？

忙着报道股市恐慌，忽视股市反弹，这会让公众认为股市是一个危险而脆弱的机制，需要警惕。这么看来，投资股市的人如此之少，投资得好的人甚至更少，就没什么好奇怪的了。

在投资领域，股市崩盘是我最喜欢的话题之一，它总是让我着迷。

当投资价值暴跌时，当亲戚发短信告诉我们他卖掉了所有投资时，我们该如何保持冷静？我将在下一章探讨这个话题。

第七章

# 欢迎股市调整

> 长期的乐观主义者预计，世界大约每十年就会崩溃一次。
>
> ——摩根·豪泽尔，财经作家

1752年5月10日下午，一位勇敢的志愿者站在巴黎北部的岗亭里，旁边是一根40英尺[①]高的金属棒，在一场雷雨中，他看到眼前的金属棒出现火花。

这一观察结果引起轰动。实验发起人托马斯－弗朗索瓦·达利巴德证实了本杰明·富兰克林提出的假设：闪电是一种放电现象。

几千年来，人类认为闪电是超自然现象，显示了神的愤怒。为了安抚神灵，希腊人和罗马人在被闪电击中的地方建造寺庙。

---

① 1英尺＝30.48厘米。——编者注

后来，在风暴即将到来时，欧洲的城市和村庄会敲响钟声，以抵御威胁。但这会危及爬上钟楼敲钟的人，在18世纪中期的35年里，德国有386座教堂被闪电击中，100多名敲钟人因此丧生。1769年，闪电击中意大利北部的圣纳扎罗教堂，引爆了威尼斯共和国储存在地下室的数千磅① 火药，造成约3 000人死亡。[71]

多亏富兰克林和达利巴德，避雷针才会出现在船只和建筑物上，确保暴风雨期间人们的安全。富兰克林还发明并命名了第一块电池，开启了电力改善人类生活的时代。

对投资者来说，股市崩盘是最可怕的现象之一，要理解它，闪电是一个很好的出发点。

股市暴跌就像闪电，能使最理性的人呆若木鸡。然而，就像闪电推动了电力时代的到来一样，股市暴跌应该受到我们大多数人的欢迎。

这点很简单，但很难被充分理解。

---

① 1磅＝0.453 6千克。——编者注

第七章　欢迎股市调整

## 投资不恐慌

几年前，我工作的《新闻报》变成非营利组织时，我也经历过这种情况。

关于工作时缴纳的退休金计划的钱，我和同事们面临以下选择：交给一直负责的跨国投资公司管理，或者拿回来自己管理。几乎所有员工都选择了前者。

就我而言，我宁愿把钱取出来投资。我计算过，相比交给跨国投资公司的经理，即使我的投资回报率一般，我最终也会获得更多资金和更大的灵活性。

一位同事也选择了后者。但他不想管理自己的投资，于是把取出的钱委托给了财务顾问。他开始每天追踪资产涨跌，我建议他别这么做。

碰巧的是，这一切都发生在股市下跌时期，世界各地的证券交易所每天都深陷困境。

在圣诞派对上，舞池里放着20世纪80年代的热门歌曲，那个同事拍了拍我的肩膀，"我已经亏了1.5万美元！"他在我耳边说。他看上去像在为自己的选择后悔。

几天后，他来办公室找我。股市在几个月内下跌了20%。"我想听听你的建议，"他说，"我的顾问认为市场会继续下跌。你觉得呢？"

我无奈地摊开双臂。"我不知道！市场可能会再跌20%，也可能在明天早上开始上涨，没人能预测未来。最好的办法是什么都不做。"

后来，市场停止了下跌。接下来的一年，股市反弹近32%，同事又笑了。我很高兴地告诉大家，他通过了第一轮测试，没有在股市下跌时卖出投资。

许多人认为自己可以应对股市崩盘而不恐慌。但股市崩盘不仅仅是手机屏幕上跳出来的消息提醒。我们会在心里计算自己的损失，这可能相当于自己几个月甚至几年的工资，此时，我们才能感受到发自内心的恐慌。

当然，人类各不相同。有些人根本不会对股市崩盘做出反应，有些人则很难保持冷静。

各大金融机构深知这一点，并借机提供多种与市场挂钩的担保投资，以安抚担心市场波动的人。这些"更安全"的投资理应带来增长，并保证我们的投资不会在股市崩盘中化为乌有。但它们充满限制和隐性费用，大多数时候只是为销售机构带来丰厚的利润。

支撑这些金融产品大卖的底层观点是股市崩盘不好，投资者应该不惜一切代价避免股市崩盘带来的影响。

很长一段时间，我都赞同这种观点。过去，看到投资组合价值下跌，我会忧虑；现在，我在这个问题上出现了180

度的转变。如今，相比投资价值是涨是跌，我更关心明天的天气。

学习如何应对市场低迷极其重要。如果不适应股市的波动性，那就不可能投资得好。

## 普遍、不可避免，而且必要

2020年，在新冠疫情导致市场崩盘期间，我的投资以空前的速度蒸发。几周内，我的账户减少了相当于我多年工资的资金。但我从没想过卖掉投资，也没有损失一分钟的睡眠。我不认为自己有什么特殊天赋，对受虐也没有兴趣。

我怎么能做到这一点？因为我知道，市场崩溃是普遍、不可避免也是必要的。

> 人类无法安坐：我们总是焦躁不安，总是不满，总是希望取得进步，总是试图预测未来。
> ——乔纳森·克莱门茨，财经作家

我们拥有自20世纪20年代以来最完整的标准普尔500指数的历史数据,数据显示,标普500指数平均每年出现3次跌幅为5%的下跌。[72]

更大幅度的下跌也经常出现。过去100年,标普500指数大约每16个月就会出现一次10%的下跌。

过去一个世纪,20%的跌幅平均每七年出现一次。自20世纪50年代以来,标普500指数还出现过3次约50%的跌幅,平均每22年下跌一次。

著名的"股市波动"如此普遍,我们本不应该再感到吃惊了,但它每次都让我们惊讶!

下跌造成的损失通常是短暂的。例如,自第二次世界大战以来,市场平均只需要四个月就能修复最大20%的下跌并恢复到从前的水平。[73]

此外,研究显示,自1974年以来,"在市场回调幅度达到10%或以上时,标普500指数触底后一个月平均涨幅超过8%,一年后平均涨幅超过24%"。[74]

即使在1929年股市崩盘这一终极金融灾难后,市场也只用了不到10年就恢复元气。如果某个倒霉的投资者在1929年投资了纽约证券交易所,那么到1936年,也就是市场触底四年半之后,他就会全部回本。这之所以成为可能,是因为在大萧条时期,企业一直在发放股息,即公司给股东的部分利润。

## 入场的代价

回调之所以如此伤人，是因为它给人的感觉像是在受罚，就像自己因做错事而被严厉的老师打手心。

但市场调整不是惩罚，而是投资的入场权。

财经作家兼投资家摩根·豪泽尔写道："市场回报从来都不是没有代价的，将来也永远不会是。"

豪泽尔在《金钱心理学》一书中指出，市场调整并不是金融体系中的缺陷。接受投资会亏损，这是你为长期增长所付出的代价。没有调整，就没有风险；没有风险，就没有回报。

然而，我们的本能反应是寻求无痛的回报。

因此，投资者"形成技巧和策略，企图不付出代价就获得回报"。他们买进卖出，试图在下一次衰退前卖出，在下一次景气前买入。（这似乎）合乎逻辑，但财神看不起不想付出只想回报的人。[75]

投资组合经理马克-安德烈·特科特发现，成功的投资者有一个共同点：即使周围许多人都在恐慌，他们也会毫不犹豫地让钱发挥作用。

他将投资者与企业家或房地产主相提并论，他们是社会上财力最雄厚的人。

他解释说："企业家不会每天早上醒来就看自己的生意或者房子值多少钱。他们关注利润，关注销售。归根结底，他们就是这样创造价值的，他们着眼长远。当企业在股市中被交易时，为什么又不一样了呢？因为在股市，人们看到股票的价格每分每秒都在变化，而建筑和企业不会每天都被重新估值，所以它们不会影响人们的情绪。"

经验很重要。特科特指出，最容易受股市波动影响的投资者，往往起步晚且投资金额大，他用于投资的钱可能来自遗产继承或出售企业所得。

"他们得到一大笔钱，然后一次性全部投资。但他们还没来得及熟悉市场起伏，每一次突然变动都会引起他们的恐慌。因此，我觉得80%的投资工作是心理调节，资金操作只占20%。"

简而言之，别折腾投资组合，让我们努力争取成功吧。我们的投资价值有时会上升，有时会下降。没必要为此大惊小怪！

当然，这条建议只适用于持有全市场、低费用指数基金或ETF的投资者。这些基金包含数百家（甚至数千家）公司的股票。历史上，市场总能找到上涨之路。但许多个别公司再也没有恢复过来，其股票市值最终可能归零。这是买个股比买整个市场风险更大的原因之一。

## 付出太多

除了害怕股市波动，我们通常也害怕为购买的投资付出太多。

当市场处于历史高位、我们对投资犹豫不决时，这种恐惧就会显现。我们可能会说："去年股市上涨了 31%。现在不是投资的时候，一切都太贵了！"

有些人等市场低迷时才投资，就像等打折才买电视或滑雪板一样。

我能理解这种冲动：和其他人一样，我不喜欢为日常用品支付全价。这种方法对一套新滑雪板有效，却不适用于我们的投资。在投资方面，这种策略会让我们亏钱。

事实是，创下新高是股市的常态，而非例外。因此，如果因为市场强劲或处于新高而推迟投资，你可能会耽搁很久！

财经作家本·卡尔森写道，自 1928 年以来，平均每 20

个交易日，标普 500 指数就会创下一次历史新高。[76]

根据他的计算，从 1926 年到 2019 年，标普 500 指数每四年中就有近三年时间在上涨。牛市之后的一年呢？该指数仍然会上涨……[77]

在实现了超过 10% 的涨幅之后呢？在这之后的一年，标普 500 指数还是会上涨……每四年中有近三年都是如此。

在惊人而荒谬的大涨之后，比如，当股指在 12 个月内上涨了 50% 的时候，这时显然应该好好回调一下，对吧？

但事实并不是这样。历史上，在经历了一年不可思议的上涨之后，市场第二年的投资回报率确实是负数，平均回报率为 –1.5%。但是在那年上涨 50% 之后，三年后市场的平均回报率为 42%，五年后为 66%，这还不包括股息支付。

卡尔森总结道："根据过去一年的表现来预测股市的未来走势，这比听起来要难得多。"[76]

另一种看待这个问题的方法是，假设你反复抛硬币，并在纸上写下硬币正面或反面朝上的结果。你可能连续几次抛出反面，但这并不意味着你下一次就"应该会"得到正面。每一次抛硬币的结果都不影响下一次的结果。

抛硬币得到正面和反面的概率各为 50%。而在股市中，就其历史表现而言，投资者赢面更大：正如我之前提到的，北美股市十年中几乎有七年都在上涨。

也许有一点违反直觉，但市场见顶不是我们停止投资的理由。

没错，有时市场预计会下跌，但持续预测其下跌的时间和幅度是不可能完成的任务。

> ## 529 计划：投资电动自行车
>
> 当我问周围当父母的人他们是否为孩子的合格学费计划 (又称 529 计划) 缴费时，我得到了不同的回答。有些人缴费，有些没有，有些不确定，因为他们的配偶在"负责这事"。然而，同样一群人，他们可以和我聊上几个小时最新款苹果手机的技术细节，或是刚装修的厨房。
>
> 我认为 529 计划就像电动自行车投资，因为美国联邦政府通过对投资增长实行免税政策来帮助我们推动这项计划，只要这笔钱最终用于支付"合格的高等教育费用"，如书籍、住房等。虽然 529 计划是用税后资金缴费的，但大多数州都为父母的缴款提供州税减免。529 计划没有缴费限制，但由于这笔钱在税收上被视为捐赠，因此符合赠予税免征条件的个人缴费最高可达 1.6

万美元。上大学可能很贵，但如果我们提前做好计划，并利用政府提供的投资免税机会，它就会变得容易一点儿。

## 百分之百恐惧

作为投资者，我们都梦想着在市场大跌后陷入低迷时投资。

实际上，情况更复杂。

当你在图表上看见下跌时，你看到的是以低价买入股票的机会；但当你在现实生活中经历这种下跌时，这种感觉就消失了。

你可以为过去的下跌找理由，因为你知道它们是如何结束的。但你很难为眼前的下跌找到合理的解释，因为它们确实可怕。这就像不带手电筒进入黑暗的洞穴。黑暗中潜伏着什么？没人知道。我们尽自己所能，摸索着走过去。

回调有时会持续数周或数月。它放大恐惧，削弱头脑，让我们怀疑一切。

在这种情况下，购买金融资产往往是我们最不愿考虑的事。哦，没错，一旦买入，它的价值很可能就会立即下降。

眼看自己的投资在买入的那一刻下跌，这种感觉就像把薪水放在蜡烛的火焰上烧，可以说是太不愉快了。我花了将近十年时间才适应这种情况。

从长期来看，市场总能找到再创新高的方法。但在短期内，恐惧是比盈利欲望更强烈的情绪。在恐惧时保持头脑冷静是人们一生的挑战，正是在这些时候，作为投资者，我们的资产负债表处于危险之中。

作家兼金融顾问加思·特纳如此总结这种投资情绪："在35年的职业生涯中，我反复看到同一幕：市场上涨是常态，回调是例外。经济扩张的频率和规模远远大于收缩。危机剧烈而短暂，衰退十分罕见，而且总是很快结束。"

特纳写道，拥有平衡、多元化投资组合的投资者不应该被恐惧支配，在股市崩盘期间，恐惧的声音比以往任何时候都要大。他说："别再担心你的钱了。"[79]

投资家兼作家霍华德·马克斯如此描述自己在严重股市危机期间的思考过程："我认为可以把它归结为，要么世界末日来临，要么世界还在……如果世界还没完蛋，而我们没有买入，那么我们就没有完成任务。"他说，投资者应该做什么其实"非常简单"。[80]

## 错过电梯

新冠疫情暴发后,主要股指大幅下跌。标普 500 指数一个多月就下跌 30% 以上,这是有史以来跌幅最大的一次。

和千百万投资者一样,我也会关注市场。有钱投资时,我买入 ETF,并且知道它们的价值会继续下跌。没钱投资时,我什么都不做。

与此同时,我的许多朋友和熟人也坐在计算机前。他们投资多年,有的学过金融,有的从事金融行业。

受投资组合价值连续几周暴跌的震撼,这些朋友断定,股市回调才刚刚开始。他们决定卖掉投资,并打算以后用更便宜的价格买回来。

那段时间,新闻论调十分悲惨。下面是一些当时的新闻标题:

- 新冠病毒导致的崩溃仍在持续,道琼斯指数下跌近 3 000 点,这是自 1987 年以来最糟的一天(CNBC)。
- 新冠病毒感染病例激增,加州州长命令全州"居家"(CNBC)。
- 特朗普将新冠疫情归咎于中国:"世界正为他们的所作所为付出巨大代价"(CNBC)。

- 冠状病毒：尽管病死率较低，但新冠疫情造成的死亡人数超过了非典和中东呼吸综合征的总和（《英国医学杂志》）。
- 新冠疫情导致的衰退将严重打击中产阶级（《巴伦周刊》）。
- 受新冠疫情影响，全球经济已陷入衰退，路透社调查（路透社）。

我关注新闻近 30 年，除了"9·11"恐怖袭击事件，我从未见过这么多骇人听闻的新闻标题被同时发布。

恐怕大多数读者在当时都认为这是最糟糕的投资时机，但我们现在知道这是错的。

在这些可怕的头条发布后的一年里，标普 500 指数飙升 70%，这是没人预料到的惊人表现。

投资经理理查德·莫林表示："平均而言，市场在利好消息到来前 6 个月开始反弹。当报纸只发布世界末日的新闻时，市场通常就会开始反弹，新冠疫情就是这种情况。"

我的朋友们匆忙买回投资，但仍错过了前期的上涨。他们是幸运的，每次危机发生，都有许多投资者错过市场反弹全过程。市场继续上涨时，这些投资者已经计算出了自己的损失。然后他们呆若木鸡，不愿再勉强买回已大幅升值的投资。

这些教训既痛苦又昂贵。

即使我们的投资暂时失去价值，也要坚持下去，这很重要，因为好日子来得毫无征兆。密歇根大学教授 H. 内扎特·塞伊洪的研究显示，近 30 年来，在美国股市开盘的 7 500 个交易日中，几乎所有盈利都发生在其中 90 天的时间里，盈利时间占所有交易日的 1% 多一点儿。如果投资者把钱撤出市场，他可能就会错过那 1% 的交易日，那么在这漫长的 30 年里，他将一分钱也赚不到。[81]

在恐慌中卖出，或者因为预计会出现恐慌而卖出，这意味着我们相信自己可以预测未来，而这可能是投资者所能拥有的最昂贵的"直觉"。

在投资中，最好的直觉就是完全没有直觉。

"我从不知道市场会怎样发展，"沃伦·巴菲特说，"至于一天、一周、一个月甚至一年后会发生什么……我也从不认为自己知道，而且从不认为这很重要。但在 10 年、20 年或 30 年后，我认为股市会比现在好得多。"[82]

## 第七章 欢迎股市调整

## 创纪录新高

无论在何种情况下,试图花费时间和精力以最便宜的价格购买投资,都不会产生我们期望的惊人回报。

想象一下,由于某种不可思议的运气,某人可以在每次股市下跌后触及最低价时购买投资。

金融分析师兼作家尼克·马朱利计算得出,在1970年至2019年期间,如果某人非常幸运,每次都能在股市下跌后触底时投资,那么,和每个月都投资且不担心涨跌的人相比,他的年回报率只会高0.4%。[83]

因此,选择市场时机带来的额外回报只有0.4%,而选对时机的前提是你有未卜先知的本领。实际上,你很可能不会每次都预测正确,这可比持续买入更糟糕!

关于投资,跟着直觉走是错的。我们头脑中那个小声音告诉我们等等再投资,听它的就错了。卖掉投资来重获内心平静也是错的。

相比其他领域,我们的本能在投资中只会阻碍我们。

## 坚定不移

所有这些都说明了投资最重要的规则之一是坚定不移。一旦确定股票和债券的分配比例，最好就不要试图改变。有钱就增加投资，需要钱就取出来，如此而已。

我们很难坚持这一规则的原因是，我们都不是天生的优秀投资者。人类在地球上生存了几十万年，靠的不是在灾难中坐以待毙。当敌人掠夺我们的食物供应时，当火灾威胁到我们的家人时，我们会迅速做出回应。

但是在投资领域，这种反应只会伤害我们。

作家兼投资家帕特里克·奥肖内西将其总结为："不要试图预测什么会有效，而要注意避免常见的陷阱。"

他在自己的播客《向最佳投资者看齐》中回忆，在一次非洲狩猎旅行中，导游一直告诉他，如果有狮子向他冲来，就站着别动，因为逃跑会增加受到攻击的风险。

"我们收到一百次提醒，当狮子向我们冲来时，不要逃跑，"他说，"我们的每个导游都遭到过50多次袭击……如果你不跑，狮子会突然停下，也不会咬你。你只需要提醒自己100次'别跑'，因为就像投资中经常出现的情况，人类的本能是逃跑。"[84]

投资组合迅速贬值给我们的大脑带来的感觉就像一头愤怒的狮子正向我们冲来。当前一天还属于我们的钱已经不在自己手中，我们身体里的每个细胞都想做点儿什么，只要能消除威胁，无论什么都行。

与应对狮子的方法一样，关键不是与危险做斗争，而是与我们的本能反应做斗争。

### 为什么女性是更好的投资者？

多项研究表明，女性在股市中的表现往往优于男性。原因是，她们的交易频率比男性更低，而且她们更喜欢投资多元化的基金。[85] 一项对英国投资公司哈格里夫斯·兰斯多恩客户进行的研究发现，在进行研究的三年中，女性平均每年的投资回报超过男性 0.81%。如果这种优势持续 30 年，那意味着女性最终会比男性平均多拥有 25% 的资产。[86]

## 我们只是乘客

大学期间，每天下课回家，我都要坐 14 站地铁，然后换乘区间公交车，这趟公交车一个半小时一班，我不想错过它。

坐在地铁车厢里，我不停地看表，看是否能及时赶上公交车。时间一分一秒地过去，我的压力越来越大。就是在这种时候，地铁经常一次次在空站停下。在空站浪费的每一秒都让我感到精神崩溃，我快赶不上公交车了！

然后，我意识到自己的行为毫无意义。我不是地铁司机，而是乘客。浪费时间焦虑不会改变结果，我要么赶上公交车，要么赶不上。一旦坐上地铁，我就无法改变这种局面。

我所有的过度焦虑都没有必要，我还记得自己意识到这一点时那种解脱的感觉。

就像地铁一样，我们不是金融市场的推动者，而是乘客。我们越早意识到这一点，就越早明白，我们的情绪和焦虑适得其反，毫无意义。

我靠工资生活，而不是靠投资。如果我已经退休，需要投资回报来满足花销，那么当市场崩盘时，我还会这样冷静吗？我不知道，但正如我在本书前面解释的那样，为了防范这种风险，靠投资为生的退休人士对波动的容忍度较低，通常会选择在投资组合中持有较高比例的债券 ETF。

我还意识到，痴迷于追踪投资价值的投资者有点儿像滑雪者，他们整天都在关注滑雪缆车的技术参数。

没错，缆车对滑雪来说必不可少。但就像投资一样，它是一种工具而不是目的。如果操作得当，它应该消失在幕后，尽可能少地获得关注。

我想强调的是，没人能左右市场。好消息是，我们完全有可能控制自己对它的反应。

市场下跌不可避免，把下跌"一键消除"则是不可取的。

这理解起来很简单，但做起来并不容易。

查理·芒格用一句名言总结了这一点："如果投资很容易，每个人都会发财。投资不应该容易，觉得它容易的人都很愚蠢。"

那么，你是应该自己管理投资，还是让专业人士帮你管理呢？让我们在下一章中寻找答案。

# 第八章
# 聪明投资者的自卫指南

> 最难的是开始行动，剩下的只是坚持。
>
> ——阿米莉亚·埃尔哈特，首位飞越大西洋的女飞行员

假设你正在一个异国岛屿旅行，和一群快乐的当地人聚会，你们从一家酒吧换到另一家。度过漫长的夜晚后，所有人都回家了，你独自在灯光昏暗的乡间小路上徘徊。天上开始下雨，你很冷，并且发现自己莫名其妙地少了一只鞋。你遇到的寥寥数人听不懂你的话，还盯着你看。

突然，一辆出租车经过你时停了下来。你告诉司机你住的旅馆的名字，他点了点头。

"我可以带你去那里，但要你今后 25 年薪水的 50%。"

"什么？"你回答道，你感到自己受到了侮辱，"这太过分了！"

"这取决于你，"司机回答说，"但如果我任何同事碰巧

经过这里，并且看到你，他们都会要这么多。找到回去的路很复杂，而且岛上不安全。根据我的经验，如果你想一个人走，是回不去的。所以要你薪水的 50% 对你来说很划算。"

如果这是真的，这个故事恐怕是史上最严重的旅行骗局之一。

然而，当委托专业人士投资时，我们通常会受到同样的对待。当然，专业人士不会用这样的语言表述自己的要求。如果被比作敲诈脆弱乘客的出租车司机，他们估计会生气。

但这就是现实。当我们在整洁的办公室里签署专业人士递过来的协议时，通常手里捧着一杯上好的浓咖啡，同时我们可能正在放弃 50% 的潜在投资回报，有时还会放弃更多。

这样的事不在少数。每年，金融机构和投资管理公司都花费数亿美元在电视、广播和互联网打广告，他们想让我们相信，他们把我们的最大利益放在心上，是我们的伙伴和朋友。跟他们投资是明智的。

当然，任何形式的储蓄和投资都比不储蓄、不投资要好。但我们很容易忽视一点，那就是有些为我们创建资产组合的专业人士并不公正。他们向我们提供的金融产品，旨在确保资金不断从我们的投资中流出，流向他们设定的方向，从而提高相关机构的季度收入。

# 第八章 聪明投资者的自卫指南

## 获取客户

几年前，财经作家兼投资家安德鲁·哈勒姆做了一个测试。他让五个邻居分别预约了五家金融机构，并让邻居们要求这些机构为自己建立一个简单的指数 ETF 投资组合。

每一次，安德鲁的邻居们都被建议不要这样做，投资经理建议他们购买高费率的共同基金。

安德鲁在分析中指出，他不认为这是投资经理用来欺骗客户的巨大阴谋，机构员工似乎也不知道指数 ETF 如何运作。这些员工有销售目标要完成——无论是显性的还是隐性的，因此他们必须推广机构的产品。

当这些问题出现时，投资专业人士也有现成的回答。他们会说，如果没有他们，投资者获得的回报会更低。

"投资有点儿像装修房子，"他们说，"有些人可以自己做，这样能省钱。但通常让专业人士来负责更好。"

为了证明自己的观点，他们喜欢引用美国金融服务公司达尔巴的分析。该分析显示，自主投资者往往表现不佳，其投资回报低于达尔巴管理的基金，因为自主投资者会投机，且在错误的时间买卖。

他们没有说的是，《华尔街日报》和多位经济学家质疑过达尔巴研究使用的方法，并说它夸大了自主投资者的不佳表现。[87]

即使假设专业人士能成功防止客户犯错,并在税务等问题上给他们提供明智的建议,他们从投资回报中拿走的金额也依然多得荒唐。

以异国小岛上的出租车司机为例。即使那个司机没错,你和他在一起会更安全,他也没有理由在接下来 25 年拿走你薪水的 50%。

假设我们在一个平衡投资组合中有 10 万美元投资,并且每年增加 1 万美元的投资。如果我们的投资顾问收取 2% 的年费,这 2% 的费率很典型。《金融分析师期刊》曾罕见地试图描绘投资费用全景,该期刊 2014 年的一篇分析文章指出,主动管理的共同基金每年花费投资者 2.27% 的投资成本,其中包括共同基金费用、顾问费以及有关买卖基金持有的证券的成本。[88]

假设我们的投资每年增长 6%,10 年后,受费率影响,我们的投资账户将出现近 45 000 美元的缺口,这个金额缺口包括我们被收取的费用,以及如果这些钱仍然在我们手中,我们将从这笔钱中获得的投资回报。而我们的收益也不过是 65 000 美元。

经过 25 年的储蓄和投资,受管理费的影响,我们账户的缺口将达到 31 万美元,而我们的收益也只有 32 万美元。

简而言之，我们将放弃近一半的投资回报，这都是我们作为投资者的"薪水"啊！

35年后，每年2%的管理费造成的缺口将达到78.5万美元，而我们的收益也不过是65万美元。简言之，被收取的费用更多了！

这些金额引起你的注意了吗？

换句话说，我们既出钱又承担风险。与我们打交道的专业人士既不出钱，也不承担风险，在多年合作中，我们只是见几次面而已，但他可能会从合作关系中榨取我们数十万美元。

你觉得这公平吗？

如果有投资专业人士真的认为这些钱是自己应得的（而且还没把本书扔出窗外！），我对他们有一条建议：与其趁广大客户不注意时从投资中收费，不如像律师、牙医或公证员那样，直接给客户寄一张发票。

例如，投资经理可以在每年12月给一对退休夫妇客户寄一张3万美元的即付账单，这笔钱就是投资经理管理他们150万美元的投资组合一年的报酬（相当于2%的管理费）。

即使这不是一个好主意，我们也在以下观点上达成了一致：目前的投资管理模式只服务于某一方，但这一方不是客户。

## 我们能从投资中得到多少钱来维持生活？

超过 25 年前，加州一位名叫比尔·本根的财务顾问想知道，人们每年可以从投资中提取多少钱来维持不工作的生活。他的结论是，我们有可能每年从投资中提取 4% 的资金，这笔资金逐年递增以覆盖通货膨胀，帮助我们在至少 30 年内不用担心钱会被花光。例如，我们可以第一年从 100 万美元的投资组合中取出 4 万美元，第二年取出 40 800 美元 ( 假设通货膨胀率为 2%)，第三年取出 41 616 美元，以此类推。这个假设的前提是我们的投资由 60% 股票和 40% 美国债券组成，投资收益用 20 世纪 20 年代以来的市场回报率来计算。

他最近对计算进行的修正表明，现在投资者有可能每年从投资组合中提取 4.5%，而不会耗尽资金。他指出，这个计算结果是"保守的"，也就是说，即使在股市历史上最糟糕的时期，提取投资组合 4.5% 的资金来维持生活也是可行的。此外，本根也没有把我们在市场崩溃期间削减支出和减少投资的能力考虑进去，如果我们能在市场崩溃时从投资中提取更少的钱，那么，在市场未陷入危机的年份，我们就能取出超过 4.5% 的资金。"这不是自然法则，"本根说，"这是基于我们掌握的数据推导出的经验之谈，不是放之四海而皆准的铁律。"[89]

被称为"钱胡子先生"的彼得·阿德尼是 4% 法则最积极的拥趸之一。阿德尼告诉我，要评估我们的投资是否足以维持生活，一个简单的方法是让自己拥有相当于年支出 25 倍的投资组合。"花销越低，你就能越早停止工作，"他说，"把收入的 50% 存起来的工人可以在 17 年后退休。如果能存 75%，你 7 年后就不用工作了。"

## 一百万，否则……

投资组合经理马克-安德烈·特科特深谙这种动态：多年来，他一直以此挣得薪水。

特科特是一名输电线工人的儿子，他在中产阶级家庭长大，家里很少谈钱。大学期间，他开始阅读有关股市和金融的书籍，而且直到现在都未停止阅读。

"那就像是一见钟情。"他解释说。

学习金融后，特科特被一家大型金融机构聘用，成为一名理财规划师。

"我负责 14 家银行分行，自此进入销售领域。"

特科特的工资是 4.5 万美元的底薪加上他销售金融产品的佣金。他自负差旅费。

"我的工作是说服客户把他的 20 万美元从另一家金融机构转到我们这里，"他说，"工作的重点在于吸引新资金，我们没有动力去关照现有的客户。即使我想照顾他们，也没有时间。当一个银行职员要负责 300 个家庭的理财规划时，他不可能照顾到所有人，所以他只能先处理紧急情况。"

特科特不被允许销售指数 ETF，他的客户的投资组合里都是高收费的共同基金。"这不是我想给客户的，但我无能为力。"

客户怎么说？他们什么也没说，因为他们没有意识到自己投资的产品差。

"他们不感兴趣，因为他们没有看到自己被收取的费用的数额。即使费用被列出来，也不是全部，只是一部分。这些信息被隐藏在晦涩的语句中。"

> **独立经理能卷走我们的钱，搬到塞舌尔群岛吗？**
>
> 如果资金有托管人保管就不会。基金经理管理的基金和资产通常由托管人保管：许多银行、会计师事务所或律师事务所提供这种服务。在美国，摩根大通是历史最悠久的银行机构之一，也是最大的托管银行之一。简而言之，经理负责我们投资账户中的资产选择，但他不持有资金，也无权取款，只有客户有权这样做。

特科特说，这一切都会对客户的财务和生活产生切实影响。

"机构只把精力放在拥有 100 万美元或更多钱的人身上。作为客户，你对此不太了解，因为这些都没有被解释清楚过……我不想太刻薄，但一般来说，那些给你建议的人都没有多少专业知识，他们的知识不是很全面。这不是一个理想的状况。为退休攒 100 万美元很容易，但人们通常只能攒一小部分，因为他们得到的投资建议很糟糕。"

他表示，最糟糕的是，所有金融机构都要求员工必须每年签署道德手册。"道德手册上说，你必须为客户服务，拥护他们……但你每周听到的是：'你卖了多少？你达到目标了吗？'然后，如果某个员工出了问题，机构会说：'这与我们无关，我们让他签过道德手册！'这是这个领域有点儿扭曲的一面。"

特科特想要改变，并去了同一家金融机构的全业务经纪分支工作，他负责管理富有客户的资产。

再一次，尽管是间接的，特科特承受着向客户销售愈加昂贵的金融产品的压力。"我们的工资是客户支付费用的40%，所以，客户支付费用越多，我们得到的报酬就越多。"

由于不认同这一愿景，特科特决定辞职，希望寻求更多的独立性。

他创立了自己的投资机构迪莫斯家族财富管理公司，他的这家公司隶属于大型独立资产管理公司瑞杰金融集团，特科特目前管理大约40个家族的约2亿美元的资产，资产价值中位数约为100万美元。

特科特客户的投资组合中没有任何共同基金。他将自己长期投资的公司股票加入客户的投资组合，之后很少进行交易，并为客户保持较低费用。"我们的投资组合包含大约30只股票和债券，仅此而已。"

## 模糊的艺术

马克－安德烈·特科特的经历远非个例。独立投资组合经理都有自己的"恐怖故事"要讲。

在30多年的职业生涯中，投资经理理查德·莫林一直在目睹金融机构用隐性费用和昂贵的产品"招待"客户。

他说，金融机构是糊弄大师。"有很多隐性费用，那些一层叠一层的费用没有在报表中明确披露。人们以为自己每年支付的费用约为1%，但他们通常支付接近2%的费用。20年、25年后，这笔隐性费用将累积成巨大的金额。"

莫林回忆起几年前来找他的一对夫妇。看到两位退休人员的财务状况时，他很快意识到有些不对劲。

"在金融机构的建议下，这对夫妇保留了15万美元的信用额度余额，同时拥有约100万美元的投资组合。该机构在两条线上都在赚钱：它从信贷额度中收取利息，并从这100万美元中收取管理费。如果这对夫妇出售投资来偿还信贷额度，银行在两方面都会损失！"

欺骗客户的不只是银行。莫林指出，一些投资管理公司声称自己的回报率多年来高于市场，它们"创造性"地计算和公布这些回报率。

他表示："例如，一些公司只公布少数账户的回报，这并不能反映其普通客户投资组合的表现。一些公司还公布理论模型（回溯测试），或基金经理在公司成立前获得的回报。"

### 什么是美国证券交易委员会（SEC）？

美国证券交易委员会是美国金融业的监管机构。它于 1934 年由美国国会创建，是富兰克林·罗斯福新政计划的一部分，该计划的目标之一是防止美国再次出现大萧条。该委员会的使命分为三部分：保护投资者；维护公平、有序和高效的市场；促进资本形成。根据其最新的年度报告，美国证券交易委员会每年收到超过 3.1 万起关于可疑或欺诈行为的投诉和报告，排名前三的投诉是关于加密货币、操纵证券/价格和预付款欺诈的。该机构网站会保留注册信息，以核实我们希望与之开展投资业务的公司或个人是否有权从事与金融产品建议或销售相关的活动。它还肩负着教育使命，其网站上有包括投资费用影响演示和复利计算器在内的多个工具。

共同基金行业的另一个小秘密是：表现不佳的基金通常会被关闭，它们的资产会与其他基金合并，糟糕的记录由此被抹去。莫林指出，这种定期大扫除让共同基金提供商可以吹嘘自己的回报比实际情况更有吸引力。

那么你该如何进行投资呢？一旦市场的齿轮开始转动，你如何每年只花一个小时或更少时间管理投资，同时随着时间的推移获得更多的钱呢？

让我们到下一章寻找答案。

第九章

# 增加你的财富

Grow
*your*
Wealth

在开始投资时，你有三个选择，我根据投资者的自主程度对它们进行了分类：

（1）折扣券商（最为自主），你自己管理投资；
（2）自动化管理平台（部分自主），平台自动为你进行大部分投资管理；
（3）使用专业人士的服务（最不自主），你的投资由其他人管理。

让我们依次来看一下这三个选项。

## 折扣券商

让我们从收费最低的投资方式开始：在折扣证券账户中

在线管理投资。

折扣证券账户是允许你购买金融产品的平台，如指数基金、ETF、股票和债券。简而言之，它是独立投资者的起点。

几乎所有银行或信贷联盟都有折扣证券平台，许多金融服务公司专门从事折扣券商业务，其中比较受欢迎的包括富达基金、嘉信理财经纪、德美利证券、先锋经纪服务、亿创证券和罗宾汉。开户过程通常很简单，投资者可以在线完成开户。

你可以在这些平台开通多个账户，比如投资账户、个人退休金账户、罗斯个人退休金账户，有时还可以开通529计划。这些账户就像"盒子"，你可以把想要的金融产品放进去。

### 个人退休金账户还是罗斯个人退休金账户？

个人退休金账户和罗斯个人退休金账户哪个更好？对我来说，这有点儿像在热苹果派和焦糖冰激凌之间做选择：为什么不两个都要呢？

话虽如此，这个问题的答案最终取决于你的个人情况。

就像美国56%的雇主提供的401(k)退休金计划一样，

个人退休金账户收取的是我们的税前收入，这部分税前收入在我们缴存的当年不会被征税，因此可以减少我们的当年税款。但在退休后，我们提取这笔钱时则会被征税，希望到时税率会低一些。2023 年，对于 50 岁以下的人来说，个人退休金账户每年的缴费限额为 6 500 美元，50 岁以上的人为 7 500 美元。考虑到通货膨胀，这一限额会定期增加。

罗斯个人退休金账户收取的是税后收入，这意味着我们在缴费同年无法以此减少税款。但是，我们在罗斯个人退休金账户中的投资收益（每年最高 6 500 美元，50 岁以上的人为 7 500 美元）都是免税的，我们在 59.5 岁之后从中提取的金额也永远不会被征税。从逻辑上讲，如果我们现在的税级低于退休后的预期税级，那么罗斯个人退休金账户就是理想的退休储蓄账户。

而且，如果选择个人退休金账户，我们最晚在 72 岁时必须从中提取最低金额的钱。罗斯个人退休金账户则不同，它可以持续为受益人免税增值。

简而言之，个人退休金账户和罗斯个人退休金账户为我

> 们节省了大量税费，并帮助我们减轻了现在和将来的部分负担。

开通折扣券商账户后，我们可以从活期账户中转钱进去。

我们也可以把另一个机构的投资转移进去。而且，我们不需要与自己想放弃的经理或顾问进行尴尬的交流。大多数情况下，我们只需要填写由折扣证券平台提供的转让申请表（TIF）即可。这些年来，我用这种方式转过很多账户的资产，不用和任何人沟通，每次都很顺利。

我们还可以设置资金自动转账，比如在每个发薪日转账，这样就可以在不经意间投资。到目前为止，自动转账是最简单的投资方式，我们只做一次决定，而不是一年中做多次决定。

对于买卖ETF，证券平台曾经对每笔交易收取20美元的费用，无论投资额是多少。但这类收费价格战已经持续多年，收费金额也呈下降趋势，在某些情况下甚至为零。

自己包办一切不一定是最划算的选择，因为也许我们会错过一些益处，如获得有关正确配置股票和债券的专家建议，或者获得熟悉市场波动的人的建议，对方可以防止我们在最糟糕的时机卖出所有投资。不恰当的投资者行为往往有昂贵的代价。

这种通过折扣证券账户投资的好处之一，是我们可以把更多收益留给自己。无视市场低迷且很少交易的投资者是独自管理自己投资的合适人选。这样的投资一旦就位，就几乎不再需要我们的关注了。

折扣证券账户是我个人的选择，它符合我的个性，而且确保我的投资会在未来增长，我也将从这几十年的复利增长中获益。

那么我们该买哪些基金呢？这是一个非常重要的问题。

有两种方法：买几只 ETF，或者买一只包含多种资产的 ETF，后者是一种一体化解决方案。你会注意到，在这个阶段，我主要推荐 ETF 而不是指数基金。这虽然有待商榷，但对我来说，ETF 对大多数投资者来说是更好的选择，因为它们通常费率较低，极为节税，而且没有最低投资额要求。

## ETF

购买指数 ETF 意味着我们要建立多元化的股票和债券基金投资组合。

按照这种思路，我推荐的投资组合只包含两只 ETF：

（1）股票部分：先锋世界全市场指数基金 ETF（VT），其中包括 9 000 多家美国和国外公司的股票。

（2）债券部分：先锋短期债券 ETF（BSV），其中包含美国政府债券、高质量公司债券和投资级国际美元计价债券。

一旦确定股票和债券在投资组合中的比例，我们只需购买这两只基金（VT 和 BSV），然后去小睡一会儿，看会儿网飞，或者烤个面包圈，仅此而已。

从 2013 年到 2023 年，这个多元化投资组合的年化回报率从 5%（60% 股票和 40% 债券的组合）到 6.3%（更为激进的 80% 股票和 20% 债券的组合）不等。这意味着，我们 10 年前投资的 1 万美元在今天将价值 16 300 美元到 18 400 美元。而且这两只基金的年费率非常低，分别占投资组合规模的 0.07% 和 0.04%。

你会注意到，我推荐的股票型 ETF 既包含美国股票，也包含国际股票。投资者经常会问，他们是否可以只投资美国股市。这不是一个疯狂的想法，因为美国市场已经有国际化的一面：平均而言，标普 500 指数成分股公司约 30% 的收入来自美国境外。[90] 我个人喜欢国际股票提供的多样性。此外，过去 15 年，美国股市的表现优于国际股市，但我们不能保证未来会继续如此，甚至不能保证这种趋势不会逆转。

无论如何，对于只想投资美国股票的人来说，最好的方法之一是购买先锋标普 500ETF（VOO），该基金的年费率为 0.03%。

此外，这些基金都向持有它们的股东支付股息。股息通常以现金形式发放，一年发放四次，投资者可以用股息在大多数证券平台自动再投资（免收费），购买新的基金份额。开通账户时，我们可以指定是否希望股息自动再投资，不过我们也可以随时联系证券公司进行指定。

加拿大投资者可以购买多元化的先锋全股票 ETF 投资组合（VEQT），作为其资产的股票部分。投资者还可以购买 CI 1—5 年阶梯式政府分割债券指数 ETF（BXF），作为其资产的债券部分。

英国投资者可以购买先锋标普 500 ETF（VUSA）来投资美国股市，也可以购买安硕核心富时 100 指数（ISF）来投资英国股市。在债券部分，英国投资者可以购买多元化的安硕全球政府债券 UCITS ETF（IGLH），投资者可以很容易地在伦敦证券交易所买卖这种 ETF。

**多资产 ETF**

我刚才推荐的投资组合包含两只基金，虽然不多，但还是比一只多。

为了进一步简化投资组合，你可以只选择一只多资产ETF。这些基金已经实现多元化和均衡化，不仅包括美国和国际股票，还包括债券。

因此，只要购买一只基金，投资者就可以购买全球数千家公司的股票，以及西方政府发行的数千只债券。

这是我为自己的小账户做出的选择，如罗斯个人退休金账户。我不想为这些账户带来麻烦或额外工作，对我来说，购买一只ETF并每年缴费效果很好。我喜欢这些基金极简的外观：点击账户，用户只看到一行文字和数字，这让我觉得自己完成了作业，或者打扫干净了厨房，差不多就是这样。

在这一类别中，安硕核心增长配置ETF（AOR）的80%是美国等几个国家交易的股票，20%为美国等发达国家发行的债券。安硕核心适度配置ETF（AOM）是AOR更保守的版本，AOR由50%的美国和国际股票以及50%的美国政府债券组成。这些基金的费率为0.15%。

对加拿大投资者而言，类似的基金是先锋增长型ETF投资组合（VGRO），其费率为0.24%。

对于想为退休储蓄的美国投资者来说，另一个投资选项是购买目标日期基金。这些基金假设客户会在某一年退休，比如2040年或2050年，因此基金中的资产组合会随时间的推移而调整，以反映客户随着退休日期临近，对稳定性的更多需求。例如，你可以直接在先锋美国购买 VTIVX 先锋目标退休计划 2045 指数基金（如果你计划在 2045 年退休）。该基金的最低投资额为 1 000 美元，管理费率为 0.08%。

英国投资者可以选择先锋生命战略系列指数基金。它们有不同版本的投资组合配置，从 20% 股票的配置到 100% 股票配置，管理费率为 0.27%。

研究表明，相比购买多只基金的投资者，购买一体化基金的投资者的投资回报往往更好，后者最终赚到的钱也更多，因为一体化基金让投资者更难投机或择机入市。

## 选择 ESG 投资

购买 ETF 时，我们成为数千家公司的共同所有者之一。我们可能不赞成其中一些公司的行为，例如，它们可能生产化石燃料、武器或烟草制品。像这样购买"整个市场"，我们的投资组合中可能会出现与自己的价值观背道而驰的公司。

为了解决这个问题，基金公司在配置一些 ETF 时，会根据环境、社会和治理标准排除某些公司，这种投资选择被称为 ESG 投资。

ESG 基金可以排除不同类型的行业股票，包括酒、民用枪支、有争议武器、常规武器、私人监狱、博彩等。然而，它们有时会保留这些行业中看起来不那么坏的公司，所以我建议你在投资前详细阅读感兴趣的基金的信息。

满足 ESG 标准的 ETF 正日益受到追捧，预测显示，未来几年它们将占新增投资的大部分份额。这一趋势已开始推动企业在环保方面做得更好，因为它们不想被排除在这些新的金融产品之外。

举个例子，黑石集团的安硕 MSCI USA ESG Enhanced UCITS ETF (EDMU) 配置的是承诺碳减排超过欧盟气候转型基准的美国公司股票。这只基金的管理费率为每年 0.07%，非常合理。

在加拿大，类似的 ETF 是安硕 ESG Aware MSCI Canada Index ETF (XESG)，其费率为 0.16%。

英国投资者可以投资安硕 MSCI UK IMI ESG Leaders UCITS ETF (UKEL)，该 ETF 广泛投资"环境、社会和治理表现比同行更优"的英国公司，费率为 0.15%。

如果你的 ETF 不是 ESG 型的，你也不会损失什么。因为，与人们的普遍看法相反，购买一家公司的股票并不等于为其提供资金，除非你购入的是新上市公司的股票。例如，我们用 1 000 美元投资苹果公司的股票，这笔钱不会进入苹果公司的口袋，而是进入卖给我们股票的个人或机构的口袋。关于持有自己不认可公司部分股权的道德问题，我们可以展开讨论，但我们的钱不会帮助对方维持经营。如果市场不再需要它，就像市场不再需要西尔斯或柯达一样，它的价值会消失，这家公司最终可能会退市或宣布破产。

**寻求帮助**

在证券账户中购买 ETF 很简单，但有一些细节你需要了解。例如，你需要在购买时计算出，你预期的投资金额可以购买多少单位的基金。此外，购买界面会为我们显示两种基金价格："买入价"和"卖出价",两者通常相差几美分。其原理与在国际机场的货币兑换处买卖货币相同:买入时必须看最高价("卖出价"),卖出时必须考虑稍低的价格("买入价")。通过赚取这几美分的差价,处理交易的公司得以获利。

如果你刚开始独立投资,对开通证券账户或购买 ETF 的过程感到害怕,我有一个不那么高科技但有效的办法:打电话给你开户机构的客服部门。客服人员可以回答你的问题,帮助你迈出作为投资者的第一步。

**你应该重新平衡投资组合吗?**

重新平衡指数 ETF 投资组合指的是每年买入或卖出一小部分资产,以恢复我们最初选择的股票和债券持有比例。例如,在股市强劲上涨一年后,60% 股票和 40% 债券的投资组合将失去平衡。我们可能会发现,股票占现在投资组合价值的 66%,而债券只占 34%。

然后,我们可以卖出部分股票 ETF,并买入部分债券 ETF,以恢复 60/40 的配置。

这种方法的优点是鼓励我们在股价上涨时卖出,在股价下跌时买入。对于投资者来说,这在心理上很难做到,因此投资组合再平衡为我们提供了执行这一任务的有益程序。然而，再平衡的主要目标不是回报最大化，而是风险最小化。如果不进行再平衡，组合中股票部分的增长速度恐怕迟早会超过债券部分，那么，在市场突然下跌时，这就会是一个令人担忧的问题。另一种再平衡的方法是，在向投资组合中增加新资金时，直接买入更多表现落后的基金。

先锋领航创始人约翰·博格并不提倡投资组合再平衡，也没有对自己的投资进行过再平衡。博格计算得出，1826年以来，以25年为一个周期，每年进行投资组合再平衡后，由50%美国股票和50%债券组成的投资组合仅在52%的时间内价值更高。"在我看来，这种微小的差异没有统计学意义。"他写道。[91]

他的结论是，每个投资者都可以自行决定是否重新平衡投资组合。"再平衡是个人选择，而不是统计数据验证可行的选择。这样做当然没什么问题（尽管我自己不这么做），但也没有理由一味担心股权比率的微小变化。例如，你持有的50%股权增长到55%或60%……请自行判断。"

## 折扣券商的利与弊

**优势**

- 市场上最低的费率。
- 全面投资股票和债券 ETF 或指数基金。
- 完美适配长期投资。

**劣势**

- 对不良投资行为没有限制（例如，在股市回调时卖出或没有投入足够的资金等）。
- 需要一定的学习才能做交易。
- 没有专业建议。
- 必须在市场开放时进行交易（周一至周五，上午 9:30 至下午 4:00，节假日除外）。

## 智能投顾

不愿通过证券账户投资的投资者可以使用智能投顾。

这些自动化数字平台使任何拥有智能手机的人都可以购买 ETF。其中的大平台包括先锋个人和数字顾问服务、嘉信理财智能投顾组合、贝特尔曼和财富前沿。

这些服务主要针对年轻投资者，但不同年龄的投资者都能从中受益。投资一旦建立，就会自动运行，投资者不必多加关注。

这些服务的主要优点是简单。它们接受令人生畏的投资任务并把它变成熟悉而简单的操作（就像把钱从一个账户转到另一个账户那样简单）。

我们在计算机或手机上开户时，这些平台会让我们回答一些问题，问题涉及我们的目标以及对投资价值下降风险的容忍度。

根据我们的反馈，平台会创建多元化的投资组合，包括一系列代表美国、国际和新兴市场的指数 ETF 及债券。

然后我们把钱存入投资账户，这样就完成了所有操作。我们不需要买卖基金，甚至不需要进行投资组合再平衡，平台帮我们把一切都搞定了。我们还可以随时取款。

像银行机构的券商部门一样，这些平台支持我们开设个人退休金账户、罗斯个人退休金账户等类型的账户。

此外，它们的图表界面会向我们展示我们的投资在 10 年、20 年或 30 年后可能价值多少。在市场风暴中，这会是一颗定心丸。某个投资 3.5 万美元的投资者真的想放弃 10 年后的 7 万美元、20 年后的 14 万美元或 30 年后的 28 万美元而卖掉所有资产吗？平台不会阻止投资者在股市崩盘时撤资，但至少可以让他们在卖出之前三思。

大多数智能投顾通过收取占投资组合价值的一小部分（通常不到 1%）费用来赚钱。其他智能投顾，如嘉信理财智能投资组合则不收取任何费用，但它们要求客户的账户中至少存入 5 000 美元。

然而，智能投顾的优势（将人类从投资活动中剔除）也是其致命的弱点。投资时，我们希望能够与人交谈。这些平台现在明白了这一点，它们为客户提供打电话、发电子邮件或与人工顾问视频聊天的机会，后者可以帮助他们优化投资组合。

对于更加个性化的一对一会议，投资者还可以聘请外部独立理财规划师（对方按服务收费），这位规划师可以从头到尾地分析他们的财务状况，撰写详细的报告，并回答他们关于税务或退休的具体问题。

例如，理财规划师能够根据客户的年龄、收入和未来需求，提出股票和债券资产配置的建议。

然后，客户可以在自己的智能投顾或折扣证券账户中设置这个配置。

请独立理财规划师做财务分析可能要花几千美元，如果涉及多种资产的分析，比如房地产投资，这笔费用还会相应增加。

## 自动化管理平台的利与弊

**优势**

- 费率低于平均水平。
- 只需点击按钮，就能创建多样化 ETF 投资组合。
- 界面简单直观。
- 有专业人士的建议。

**劣势**

- 对不良投资行为（例如在股市回调时卖出）只有中等限制。
- 人工顾问的帮助有限。

# 和专业人士打交道

第三种选择费用最昂贵，但也最简单、最安心，那就是与专业人士打交道。

面对现实吧，不是每个人都适合管理大笔资金，让专业人士为我们管理投资有一定的吸引力，我完全理解这一点。如果你选择与专业人士合作，阅读这一章节将让你对这种投资方式有充分的了解。

与专业人士打交道意味着我们每年投入更多时间与对我们的投资感兴趣，或管理我们资产的专业人士会面。这种时间的投入帮助我们了解自己的投资情况如何，确保有熟悉市场的人在掌舵，这样我们才会安下心来。

以下是可以帮助我们管理投资的公司和专业人士的不完全列表。

**投资顾问**

投资顾问是指有偿为客户提供建议和管理投资的个人或公司。

根据美国金融业监管局（FINRA）的说明，投资顾问的常用名称包括资产经理、投资咨询师、投资经理、投资组合经理和财富经理（服务高净值人群）。为注册投资顾问公司（RIA）工作的投资顾问对客户负有信托责任：他们必须推荐最适合客户需求的产品，而不是能让自己收取最高费用的产品。如果投资顾问管理 1.1 亿美元及以上的客户资产，则必须在美国证券交易委员会进行注册。

在投顾领域，特许金融分析师（CFA）是从业人员很难达到的黄金标准，但这一标准能确保管理我们投资的人有足够的能力和知识。

2019 年，为 RIA 工作的投资顾问每年收取的总顾问费为其管理资产的 1.17%。[92] 有些投资顾问只收取一次性费用，即为客户制订一份财务计划收取几千美元，这比要求按投资组合价值来支付年费的顾问要便宜。美国个人理财顾问协会（NAPFA）网站是寻找收取一次性费用的投资顾问的好地方。

**理财师**

理财师在财务、税务、退休、房地产、投资、保险等领域提供建议。

他们可以制订行动计划，以适应我们的需要、限制和目标。他们还可以销售投资、保险等金融产品。

理财规划行业没有自己的监管机构。一些规划师可能拥有国际金融理财师（CFP）等资格，CFP 由美国 CFP 标准委员会颁发。美国金融业监管局表示："理财师申请这一资格需要至少三年从业经验，并在获得和保持资格期间遵循相当严格的标准，监管局允许投资者核实任何自称有 CFP 资格的人的身份，并有相应的纪律处分程序。"[93]

部分理财师只收取咨询费用，不从他们推荐的产品中收取佣金。

**会计师**

根据美国金融业监管局规定，经过培训的会计师可以"在税务和财务规划、税务申报、审计和管理咨询等领域，为个人和企业提供专业协助"。会计师应持有注册会计师（CPA）证书。部分会计师可能会销售投资产品，但他们的专业领域是美国税法。

**家族办公室**

巨富之家可能需要财务规划、保险、慈善捐赠、遗产规划、税务规划等多方面的帮助，这就有了家族办公室的用武之地。单一家族办公室只能服务一个超级富裕的家庭，而多家族办公室（MFO）可以服务许多家庭。多家族办公室通常按管理资产的一定比例收取报酬。研究显示,美国多家族办公室的平均最低收费为每年 92 897 美元。[94]

---

无论你是与投资顾问、理财师还是会计师打交道,我建议在开始或继续与他们合作之前,先对他们进行一个小测试。

你可以告诉他们自己的投资偏好是费率极低的指数 ETF 多元化投资组合。如果收到的回应不是"太好了!"或"我就是这样做的!",那么你应该继续搜索更好的人选。

部分专业人士可能会建议你投资共同基金,它一直是这个理财行业的主要收入来源。你可以向他们提问,与他们讨论本书中解释的概念,同时要求他们提供支撑其所说内容的依据——不,给他们发工资的公司制作的宣传材料可不算。

## 与专业人士打交道的利与弊

**优势**
- 由专人负责我们的投资。
- 个性化服务。

- 税务优化。
- 对不良投资行为（例如在市场回调时卖出）有很大限制。
- 鼓励投资者更多地储蓄和投资。

**劣势**
- 费用可能较高。
- 对指数 ETF 的投资可能受到限制。
- 我们的利益可能与金融机构的利益发生冲突。

无论我们选择哪种投资方式，重要的是迈出第一步，不要把事情复杂化。

当被问起哪种训练让她在职业生涯中赢得这么多比赛时，美国马拉松冠军和奥运会金牌得主琼·贝努瓦答道，她离开家，走到车道尽头，要么向左拐，要么向右拐。"我的跑步哲学是，不去纠结，而是去做。"仅此而已。

结 语

# 牛和鲨鱼

The
## Cow
### and the
## Shark

> 去月球没有那么远,最远的是内心的旅程。
>
> ——阿娜伊斯·宁,作家

几年前,在科德角的一次家庭度假中,我们看见了一条白鲨。

救生员已经开发出一套有效的系统,保护人们免受鲨鱼伤害。他们在绵延数英里的海滩上间隔驻守,用双筒望远镜扫视地平线。如果看到鲨鱼,救生员会用无线电与同事联系,随后沿岸响起哨声,杆顶升起禁止游泳的旗帜,成千上万的游泳者必须从水中离开一个小时。

在其中一个不能游泳的间歇中,我们看到一群度假的人跑向了大海。出于好奇,我们也跑了过去。在我们前面大约50英尺处,一只灰色的鳍划破海浪,海滩上响起了恐惧的尖叫声,就像电影里演的那样。

尽管鲨鱼体型庞大、令人恐惧，但就对人类的危险性而言，它们的排名并不靠前。

你知道鲨鱼杀死的人比牛杀死的人还少吗？

世界范围内，鲨鱼平均每年造成 5 人死亡，而牛平均每年造成 22 人死亡，它们会踢或踩踏受害者。

牛杀死的人是鲨鱼的四倍多。

但鲨鱼似乎更可怕，每次鲨鱼攻击人类都会成为全球的头条新闻。牛则一点儿都不可怕。

牛和鲨鱼的悖论概括了投资的世界。

在投资中，我们反而不害怕那些真正应该害怕的事情。我们害怕鲨鱼（市场崩盘、错失机会、下一次经济衰退等），忽视不起眼的风险，而这些往往对我们造成更大的伤害（购买预计会让我们发财的股票、在开始投资前观望、预计股市崩盘而卖出投资、支付高费率等）。

"鲨鱼"型风险非常明显，当它们出现时，我们身体里每个细胞都在警惕。

"牛"型风险则看不见且很少被提及。它们是真正的挑战，但却没能给我们留下深刻印象，所以会被直接忽略。

我喜欢牛和鲨鱼的类比，还因为鲨鱼的形象经常与金融世界联系在一起。鲨鱼是雄心勃勃的专业人士，如果能赚钱，他甚至会毫不犹豫地把有问题的投资产品卖给自己的母亲。

但是，正如本书所展示的，几乎所有鲨鱼的回报都不如牛。牛只是在草地上吃草，看着火车驶过，从不担心自己均衡投资的增长。

风险来临时，我们很难辨认出来。看似危险的并不总是险恶，真正的威胁往往难以辨别。

例如，虽然每个人都担心股市崩盘等极端情况，但另一种更普通的情况会对我们造成更大的伤害：投资不足。当投资者痴迷于自己3万美元投资组合的每日涨跌时，他可能没有意识到，增加6 000美元投资会自动将涨跌幅度提高20%。

在我们投资的头几年，最大的危险不是资产缩水，而是投资不够。我们总是期待市场为我们服务，否则我们就会恐慌。

我们的大脑并非生来懂得投资，它习惯于避免不确定性和寻求安全感。看到投资价值上升，我们的大脑会沉浸在内啡肽带来的喜悦中，开始畅想光明的未来，直到下跌突然发生，恐惧和怀疑也纷至沓来。

## 所有人都会犯错

谷歌联合创始人拉里·佩奇和谢尔盖·布林曾有过想卖掉公司的时刻，这个故事现在已被人遗忘，却深深吸引着我。

1999 年，谷歌只有 6 名员工，大家在硅谷车库里米黄色的计算机前工作。佩奇和布林当时打算卖掉公司，他们通过中间人告诉当时主导市场的互联网门户网站 Excite 的负责人，称愿意以 100 万美元的价格出售谷歌。

他们的出价被拒绝了。

然后，他们表示愿意接受 75 万美元的价格。

他们的出价又被拒绝了。

今天，佩奇和布林是世界上最富有的 10 个人之一，他们的净资产加起来接近 2 000 亿美元。

没有投资者能预测未来，你不能，我不能，Excite 的老板不能，谷歌的联合创始人也不能。

我在本书前面提到过，许多投资专业人士不鼓励客户在没有他们帮助的情况下投资。我同意这个建议，但理由与他们不同。

> 我想积累资产，而不是责任。
> ——詹姆斯·克利尔，作家兼投资家

我认为大多数人不应该成为自主投资者，是因为他们对

## 结 语　牛和鲨鱼

此没有兴趣。他们不习惯管理大量资金，害怕犯错和选错基金，对自己的能力不自信，等等。

我不想谴责这一点，我认为这很正常。但我也相信很多人可以管理自己的投资。如果你已经读到这里，祝贺你，因为你肯定是这个群体中的一员。

人们调节自身行为以适应特定情况的能力常常被低估。例如，在新冠疫情期间，媒体不断报道有人不顾公共卫生指导方针聚集，不戴口罩庆祝，以及抗议这些"自由"被剥夺。

媒体没有展示的是，世界各地数十亿人以前所未有的方式迅速改变了自身行为，以减缓病毒传播。千百万商家和企业一夜之间改用远程办公，以保护员工和客户。

从芝加哥到悉尼，人们在公共场合戴口罩变得司空见惯，而此前在亚洲以外几乎从未见过这种情况。

人类会学习，人类会适应，这甚至是我们知道如何做得最好的一件事！

### 指数型和被动型

我很难解释自己为什么对投资领域感兴趣。

我没有学过这个领域，我的父母和其他家人对它也不感兴趣。我对经济新闻的关注时间有限，我不知道美国联邦基金利率，也不喜欢奢华的物品、漂亮的汽车、昂贵的假期和花哨的衣服。

那么，为什么我对金钱和让金钱增加的最佳实践感兴趣呢？

因为我被两个极端的组合吸引：被动投资和指数投资。

我工作挣钱。一旦投资，我的工资也开始工作赚钱。15年或20年后，我每年的投资收益几乎和我的工资一样多。

这让我大为震撼。

我还喜欢投资时操作得当所带来的超然感。两千多年前，罗马哲学家塞涅卡写道，我们应该努力控制自己对生活中消极事件的反应，就像驯兽师把手放进狮子嘴里，或者守卫亲吻老虎。

"同样，智者是驯服不幸的能手。痛苦、贫穷、耻辱、监禁和流放是每个人都害怕的，但遇到智者时，它们就被驯服了。"

我把这句话贴在我办公室的墙上，它在股市崩盘时陪伴着我。如果说多年前我对市场崩溃感到害怕，那么最近我对崩溃则无动于衷。

就像老虎张开嘴咆哮一样，屏幕上的亏损数字想尽一切办法吓唬我们，让我们做出反应。我们的任务是说："谢谢，但这没用。干得不错，抱歉。"

最后，我喜欢股市投资与我们私底下是什么样的人没有关联，也就是说，股市不关心我们的自我、学位、工资、出生地、房子大小或汽车品牌。

在市场眼中，这些都不重要。在投资方面，高中辍学者可能比受过商学院教育的高管更成功。这样的事情不仅有可能发生，而且在投资的世界中司空见惯，这一点永远让我着迷。

## 不自怜

在本书中，我多次提到沃伦·巴菲特的得力助手、亿万富翁查理·芒格。99 岁的查理·芒格是当代最伟大的投资家之一。阅读和聆听他的演讲是一种乐趣。他博学多才，是名副其实的名言输出器，但他的生活一直很艰难。

1953 年，29 岁的芒格还是一名律师，他与第一任妻子离婚时有三个年幼的孩子。这次分手是毁灭性的，查理几乎失去了一切，包括他的家。他住在大学宿舍里，开着一辆破车，破到连他的孩子都向他指了出来。

一年后，他的儿子泰迪被诊断出患有白血病，这种病在当时无法治愈。泰迪不得不被转到加州帕萨迪纳的一家医院，进入儿童临终关怀病房,"那是世界上最悲伤的地方之一",查理曾说。

查理和前妻经常去医院看望卧床不起的儿子,他的身体一天比一天虚弱。一位朋友描述过这样的场景,查理走进医院,拥抱年幼的儿子,然后在帕萨迪纳的街道上边走边哭。

次年,9岁的泰迪·芒格病逝了。

那一年,查理31岁,离过婚,儿子刚下葬,他身无分文,还要付一大笔医药费。

在一篇关于芒格一生的精彩文章中,作家萨法尔·尼维沙克写道:"对他来说,放弃一切,像当时周围许多人那样染上恶习(酗酒、吸毒),这很有诱惑力。但查理不是那样的人,他一直在努力。"[95]

几年后的1959年,查理在一次晚宴上遇到沃伦·巴菲特。两人立刻意识到,他们注定要成为共事的伙伴。

沃伦和查理建立的伯克希尔-哈撒韦集团是现在世界上最大的公司之一,该公司拥有超过35万名员工,年收入超过2 750亿美元。查理再婚后,和新妻子又生了四个孩子。

但厄运没有离开他。50多岁时,查理在一次白内障手术失败后左眼失明。查理将阅读视为自己最爱的活动,这是任何想要学习和提高自己的人的责任。对他来说,失去左眼难以接受。他的眼睛疼痛难忍,不得不换成玻璃眼球。

## 结 语　牛和鲨鱼

几年前,在南加州大学(USC)对法律系毕业生发表演讲时,查理·芒格说,他从人生的不幸中学到的一点是,永远不要为自己感到难过。

"一般来说,嫉妒、怨恨、报复和自怜都是灾难性的思维方式,"他说,"每次你发现自己陷入自怜,不管原因是什么,可能你的孩子就要死于癌症,但你要明白,自怜无济于事,这是一种荒谬的行为方式。人生会有沉重的打击,可怕的打击,不公平的打击,这不重要。有些人会恢复,其他人则不会。(……)人生的每一次不幸都(是)学习的机会,你的任务不是沉浸在自怜中,而是以建设性的方式利用这些沉重的打击。"[96]

查理说,重要的是每次都站起来,世界上没有完美的人生。这一点适用于我们生活的方方面面,也适用于投资。

我们可以在投资中遭受失败,但重要的是要从中学习,昂起头,继续前进。芒格曾说:"我不喜欢受伤害的感觉。我不是受害者,我是幸存者。"

### 有效办法

在本书开头,我引用了《福尔摩斯探案集》作者阿瑟·柯南·道尔的话。我想建议作为读者的你,试着从这位名侦探的角度进行思考。

福尔摩斯会如何看待投资领域？

一旦弄清所有事实，他那几个间接问题也得到回答，我想象着，这位名侦探会走过收费高昂的共同基金推销员，决定把自己的钱投入指数 ETF 投资组合，然后将其抛在脑后，继续他的下一次调查。

在阅读本书时，有些人可能会说我为了充分发挥 ETF 投资的作用忽略了其他有效的股市投资方法。对此我会回答，我从未接受任何自己偏爱的哲学或投资方法的指导，我以事实为基础。正如我在前言中解释的，在开始探索投资时，我没有想着本书中提出的答案。我年复一年地积累这些信息和原则，通常以犯下丢脸的错误为代价。

这本书并不是要告诉你该怎么做，而是介绍一种经过独立研究、严格考察的投资方法，相比几乎所有其他市场投资方法，它产生的结果更令人难忘、更可靠。

我知道，对一些人来说，"买入 ETF 然后放手"的建议不是有效的解决方案。这种投资方法并不令人满意，因为这样投资无法反映他们是谁，以及他们想取得什么人生成就。

如果你是这样，我并不是说你不应该成为积极投资者，或不应该选股。我只是想让你知道，跑赢市场指数（即使是每年 1% 或 2%）是一项非凡的成就，通常不可能持续几年以上。成功的故事凤毛麟角，表现不佳的例子则不计其数。

## 离开世界一点点

从孩提时代起，我就喜欢计算自己在湖面以下憋气的时长。

我喜欢那种平静和掌控的感觉，我知道每一次尝试自己都会变得更好一点儿，我能意识到我的身体正在努力让我活着。与此同时，三英尺深的水把我和外面的空气隔开，我进入没有呼吸的第三分钟。

在水下，我脱离了这个世界，同时又是它的一部分。

投资也是类似的体验。我们必须学会冷静，在一个处处让我们做出反应的环境中尽量少动。我们必须拒绝让情绪控制自己。我们必须认识到，当我们稍微脱离世界时，一切都会更好。

最重要的是，我们必须乐于推迟浮出水面的那一刻，慢慢地，平静地，像第一天那样，在潜回寂静之前呼吸一口空气。

# 致 谢

如果本书不会被当作一个昂贵而无用的杯垫，那是因为我要感谢的一群人的帮助、见解和贡献。

感谢我的妻子佩内洛普·福捷在写作过程中给予我的耐心、支持和鼓励。

感谢哈里曼出版社高级策划编辑克雷格·皮尔斯，感谢他认可这本书的价值，并把它带到世界上。

感谢理查德·莫林在本项目中对我的帮助，感谢斯蒂芬·贾里斯罗夫斯基、乔西·杰弗里、马克-安德烈·特科特和伊恩·加斯孔为我敞开大门，毫无保留地讲述他们的经历和职业。感谢彼得·阿德尼、黄文安（音）、让-塞巴斯蒂安·皮洛特、安德鲁·哈勒姆、摩根·豪泽尔和莫尼斯·帕伯莱。

感谢韦罗妮克·贝鲁贝和洛朗·麦考莫阅读本书初稿，并帮助我厘清思路——本书中的任何错误或遗漏都是我的问题。

感谢《新闻报》总裁让-弗朗索瓦·布沙尔和出版总监皮埃尔·凯洛蒂。感谢科莱特·朗斯的见解和有用的建议。

## 注 释

1. Michael Lewis, *The Big Short: Inside the Doomsday Machine*, W.W. Norton & Company, 2010.
2. Gregory Zuckerman, *The Greatest Trade Ever: The Behind-the-scenes Story of How John Paulson Defied Wall Street and Made Financial History*, Crown Business, 2009.
3. Rupert Hargreaves, "Warren Buffett: Learn From Your Mistakes and Move Forward," Yahoo Finance, October 16, 2018.
4. Steven Novella, "Lessons from Dunning-Kruger," NeuroLogica blog, November 6, 2014.
5. Andrew Odlyzko, "Newton's financial misadventures in the South Sea Bubble," *Notes and Records*, August 29, 2018.
6. Ibid.
7. Independent publication, 2021.
8. Andrew Edgecliffe-Johnson, "Lunch with the FT: Henry Blodget," *Financial Times*, November 15, 2013.
9. William Green, *Richer, Wiser, Happier: How the World's Greatest Investors Win in Markets and Life*, Scribner, 2021, p. 3.
10. Burton Malkiel, *A Random Walk Down Wall Street: The Time-Tested Strategy for Successful Investing*, W. W. Norton, 2009, p. 264.

11. Warren Buffett, Berkshire Hathaway shareholder letter, 2008, p. 16.
12. SPIVA website, consulted by the author on October 13, 2022.
13. "Missing Out: Millennials and the Markets," Ontario Securities Commission, November 27, 2017.
14. "Our results," Caisse de dépôt et placement du Québec website, 2021.
15. "Harvard's billion-dollar farmland fiasco," GRAIN report, September 6, 2018.
16. Tim Edwards et al, "SPIVA Institutional Scorecard Year-End 2021," S&P Global, September 8, 2022.
17. Gregory Zuckerman, "This Is Unbelievable: A Hedge Fund Star Dims, and Investors Flee," *The Wall Street Journal*, July 1, 2018.
18. Burton Malkiel, *Random Walk*, p. 167.
19. David R. Harper, "Hedge Funds: Higher Returns or Just High Fees?" Investopedia, April 12, 2021.
20. Raymond Kerzérho, "The Terrible Truth about Hedge Funds," PWLCapital, August 23, 2021.
21. Warren Buffett, Berkshire Hathaway shareholder letter, 2016, p. 24.
22. Hendrik Bessembinder, "Do Stocks Outperform Treasury Bills?" Arizona State University, August 22, 2017.
23. Thomas Macpherson, "Bessembinder Rocks the Investment World," GuruFocus, October 19, 2017.
24. Ben Carlson and Michael Batnick, "A Random Talk with Burton Malkiel," Animal Spirits podcast, October 2, 2020.
25. Ibid.

26. Stephen J. Dubner, "The Stupidest Thing You Can Do With Your Money," Freakonomics podcast, September 21, 2017.
27. John C. Bogle, *The Little Book of Common Sense Investing: The Only Way to Guarantee Your Fair Share of Stock Market Returns*, Wiley, 2017, p. 184.
28. Warren Buffett, op. cit., p. 24.
29. Ben Carlson and Michael Batnick, op. cit.
30. Stephen A. Jarislowsky, *Dans la jungle du placement*, Les Éditions Transcontinental, 2005, p. 27.
31. Tim Edwards et al, "The Volatility of Active Management," S&P Global, August 2016.
32. Emmie Martin, "Warren Buffett wants 90 percent of his wealth to go to this one investment after he's gone," CNBC, February 27, 2019.
33. Charles V. Harlow and Michael D. Kinsman, "The Electric Day Trader and Ruin," *Pepperdine Graziadio Business Review*, 1999.
34. Brad M. Barber et al, "Trading Is Hazardous to Your Wealth: The Common Stock Investment Performance of Individual Investors," *The Journal of Finance*, April 2000.
35. William Bernstein, *The Four Pillars of Investing: Lessons for Building a Winning Portfolio*, McGraw-Hill, Kindle version, 2010, p. 216.
36. John Bogle, *The Little Book of Common Sense Investing*, Wiley, 2017, Kindle format.
37. Ibid., p. 168.
38. Roger Collier, "The challenges of physician retirement," *Canadian Medical Association Journal*, January 16, 2017.

39. Ibid.
40. Daniel Solin, "Why Smart Doctors and Dentists Make Dumb Investors," AOL, December 23, 2009.
41. Jonathan Satovsky, "Smart People Can Make Stupid Investing Decisions," *Forbes*, August 16, 2012.
42. Oliver Sung, "Charlie Munger: 2021 Daily Journal Annual Meeting Transcript," Junto Investments, February 26, 2021.
43. Jason Zweig, "False profits," Jasonzweig.com, June 23, 2015.
44. David Zuckerman, "Initial Public Offerings Historical Returns," Financial Planning Association, January 31, 2012.
45. Ibid.
46. Alessio Emanuele Biondo et al, "Are Random Trading Strategies More Successful than Technical Ones?" *PLoS ONE*, July 11, 2013.
47. Retirement 101, "Returning to the Original Strategy," July 15, 2020.
48. Ibid.
49. Andrew Hallam, *Millionaire Teacher: The Nine Rules of Wealth You Should Have Learned in School*, Wiley, 2017.
50. Andrew Hallam, "Do I Regret Selling Stocks Worth $700,000?" Andrewhallam.com, September 2, 2011.
51. Claire Boyte-White, "How Dividends Affect Stock Prices," Investopedia, July 26, 2020.
52. Simon Sinek, *The Infinite Game*, Penguin, 2019, p. 12.
53. Fox Butterfield, "From Ben Franklin, a Gift That's Worth Two Fights," *The New York Times*, April 21, 1990.

54. Stephan A. Schwartz, "Ben Franklin's Gift that Keeps on Giving," *American History*, February 2009.
55. Myles Udland, "Fidelity Reviewed Which Investors Did Best And What They Found Was Hilarious," Business Insider, September 4, 2014.
56. Jim O'Shaughnessy, "Jason Zweig – Psychology, History & Writing," Infinite Loops podcast, January 28, 2021.
57. "The Theft That Made The 'Mona Lisa' A Masterpiece," NPR, July 30, 2011.
58. Jennifer Booton, "Jim Cramer doesn't beat the market," Market Watch, May 16, 2016.
59. Josh Brown, "Why I don't wake up to the news," thereformedbroker.com, June 4, 2019.
60. Ibid.
61. Benjamin Graham, *The Intelligent Investor:The Definitive Book on Value Investing*, Harper Business, p. 48.
62. "The 2018 forecast: rising risks to the status quo," Vanguard Canada, December 7, 2017.
63. Joe Chidley, "Gut feeling: U.S. rally will fizzle, Chinese stocks will surge and TSX will climb higher in 2017," *Financial Post*, December 29, 2016.
64. Guru Grades, CXO Advisory Group.
65. Larry Swedroe, "You Make More Money Selling Advice Than Following It," CBS News, May 20, 2010.
66. Craig Botham and Irene Lauro, "Climate change and financial markets," Schroders, February 2020.
67. Swiss Re Institute, "The economics of climate change: no action not an

option," April 2021.
68. Christopher Flavelle, "Climate Change Could Cut World Economy by $23 Trillion in 2050, Insurance Giant Warns," *The New York Times*, April 22, 2021.
69. Nicolas Bérubé, "Un optimiste dans la grisaille," *La Presse Affaires*, February 19, 2013.
70. Ibid.
71. Walter Isaacson, *Benjamin Franklin: An American Life*, Simon & Schuster, 2003, p. 267.
72. Dana Anspach, "How to Handle Stock Market Corrections," *The Balance*, December 1, 2020.
73. Thomas Franck, "Here's how long stock market corrections last and how bad they can get," CNBC, February 27, 2020.
74. David Koenig, "Market Corrections Are More Common Than You Might Think," Charles Schwab Intelligent Portfolios, February 25, 2022.
75. Morgan Housel, *The Psychology of Money*, Harriman House, 2020, p. 160.
76. Ben Carlson, "All-Time Highs Are Both Scary & Normal," A Wealth of Common Sense, November 29, 2019.
77. Ben Carlson, "2018 vs. 2019 in the Stock Market," A Wealth of Common Sense, January 21, 2020.
78. Ben Carlson, "What Happens After the Stock Market is Up Big?" A Wealth of Common Sense, April 11, 2021.
79. Garth Turner, "Suck it up," Greaterfool, April 15, 2021.
80. William Green, *Richer, Wiser, Happier*, p. 75.

81. H. Nejat Seyhun, "Stock market extremes and portfolio performance," Towneley Capital Management, 1994.
82. Warren Buffett Investment Strategy, Plan For 2020, YouTube, December 4, 2019.
83. Nick Maggiulli, "Why Market Timing Can Be So Appealing," Of Dollars And Data, January 20, 2020.
84. Patrick O'Shaughnessy, "Trail Magic – Lessons from Two Years of the Podcast," Invest Like the Best podcast, September 18, 2018.
85. Ron Lieber, "Les femmes, meilleures que les hommes?" *La Presse*, October 30, 2021.
86. Nicholas Hyett, "Do women make better investors?" Hargreaves Lansdown, January 29, 2018.
87. Jason Zweig, "Just How Dumb Are Investors?" *The Wall Street Journal*, May 9, 2014.
88. John C. Bogle, "The Arithmetic of 'All-In' Investment Expenses," *Financial Analysts Journal*, 2014.
89. Brett Arends, "The inventor of the '4% rule' just changed it," MarketWatch, October 22, 2020.
90. Phillip Brzenk, "The Impact of the Global Economy on the S&P 500," S&P Global, March 19, 2018.
91. Tim McAleenan, "John Bogle Doesn't Rebalance His Portfolio," The Conservative Income Investor, November 5, 2019.
92. "2019 RIA Industry Study: Total Average Fee is 1.17%," RIA in a box, July 23, 2019.

93. Financial Industry Regulatory Authority (FINRA) Website, consulted by the author on October 28, 2022.
94. Tom Burroughes, "Family Offices, Wealth Houses Should Re-Think Fee Structures – Study," February 9, 2021.
95. Safal Niveshak, "A Story of Courage and Hope from the Life of Charlie Munger," safalniveshak.com, August 5, 2019.
96. Ibid.